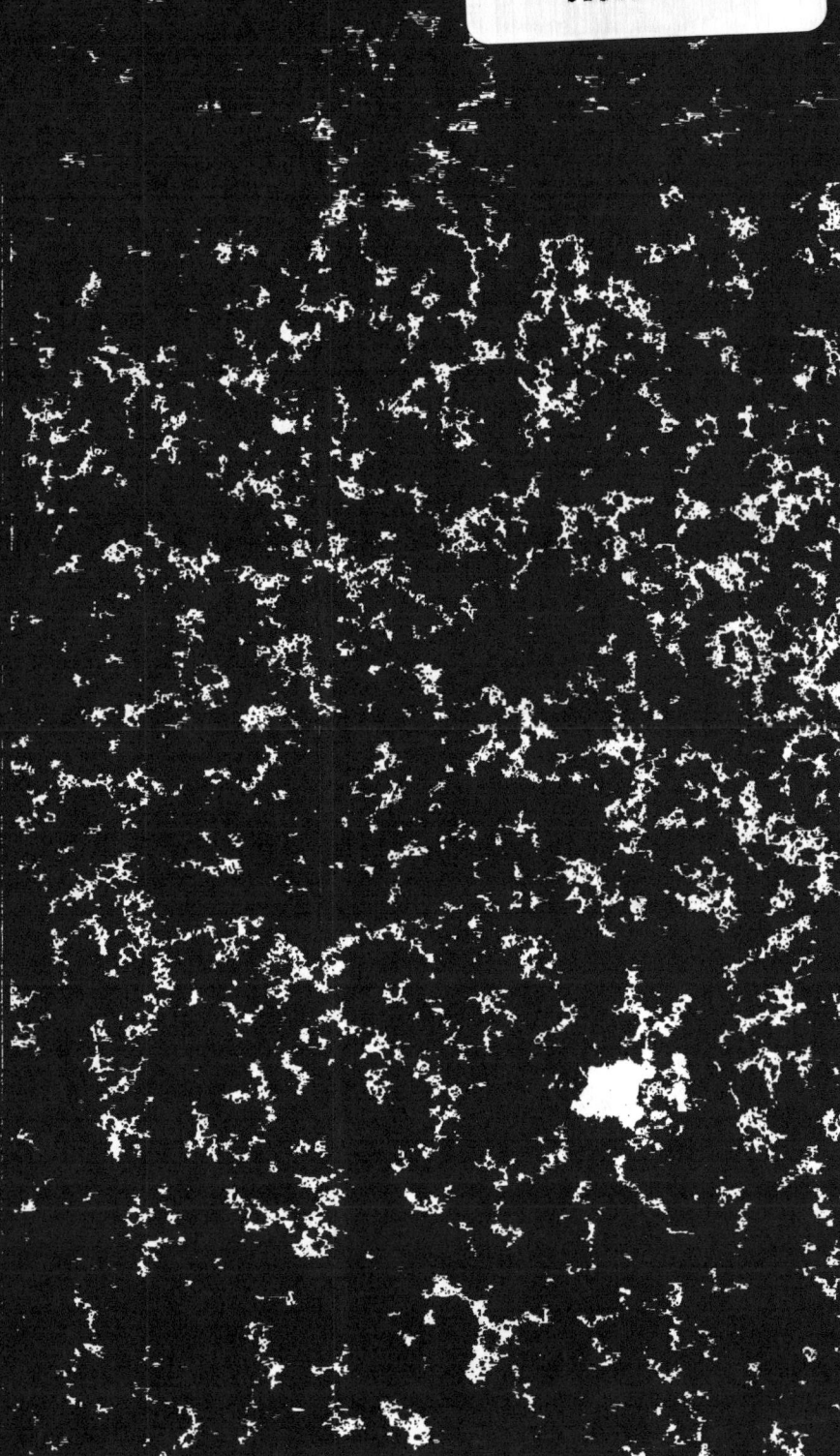

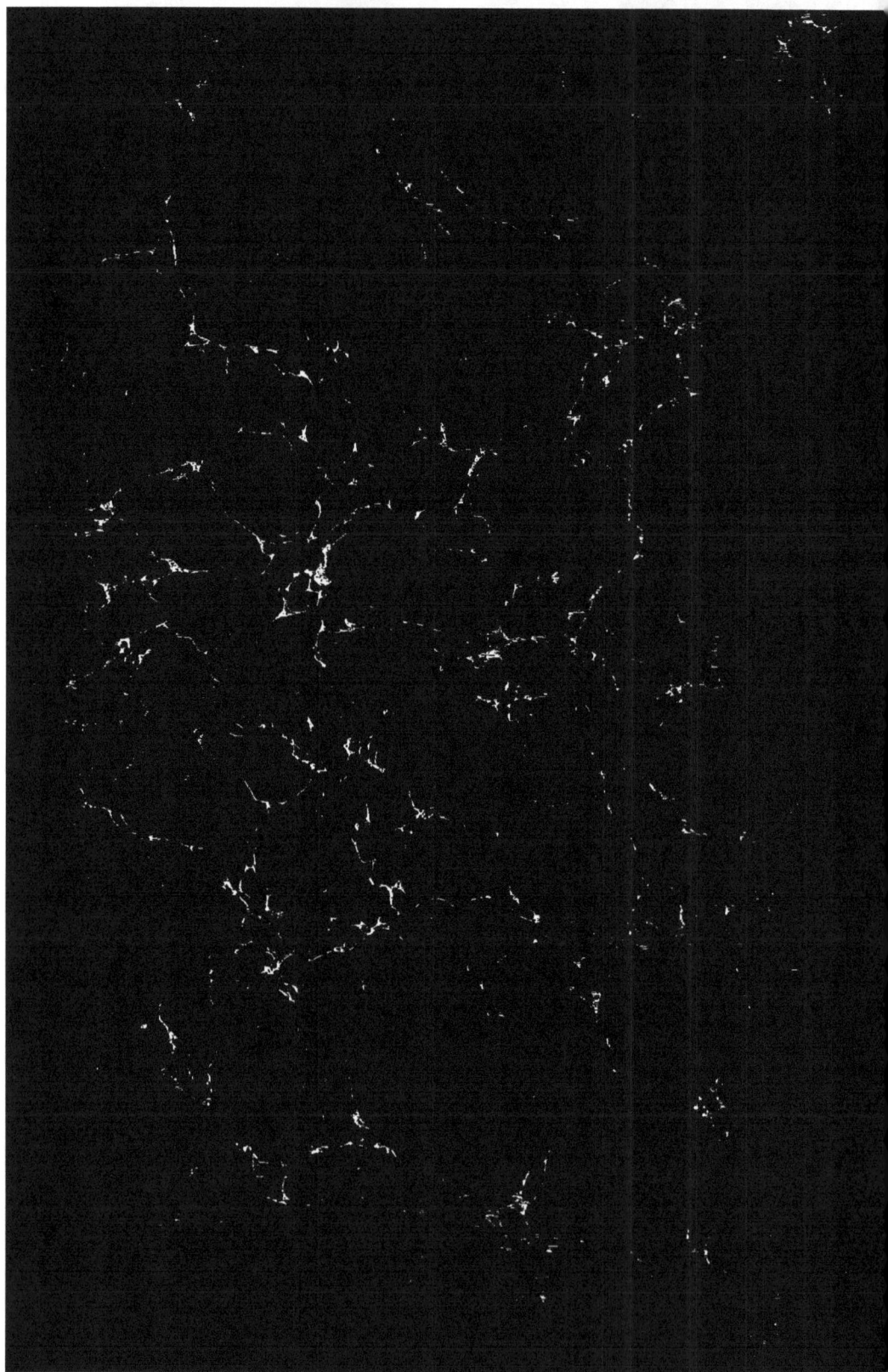

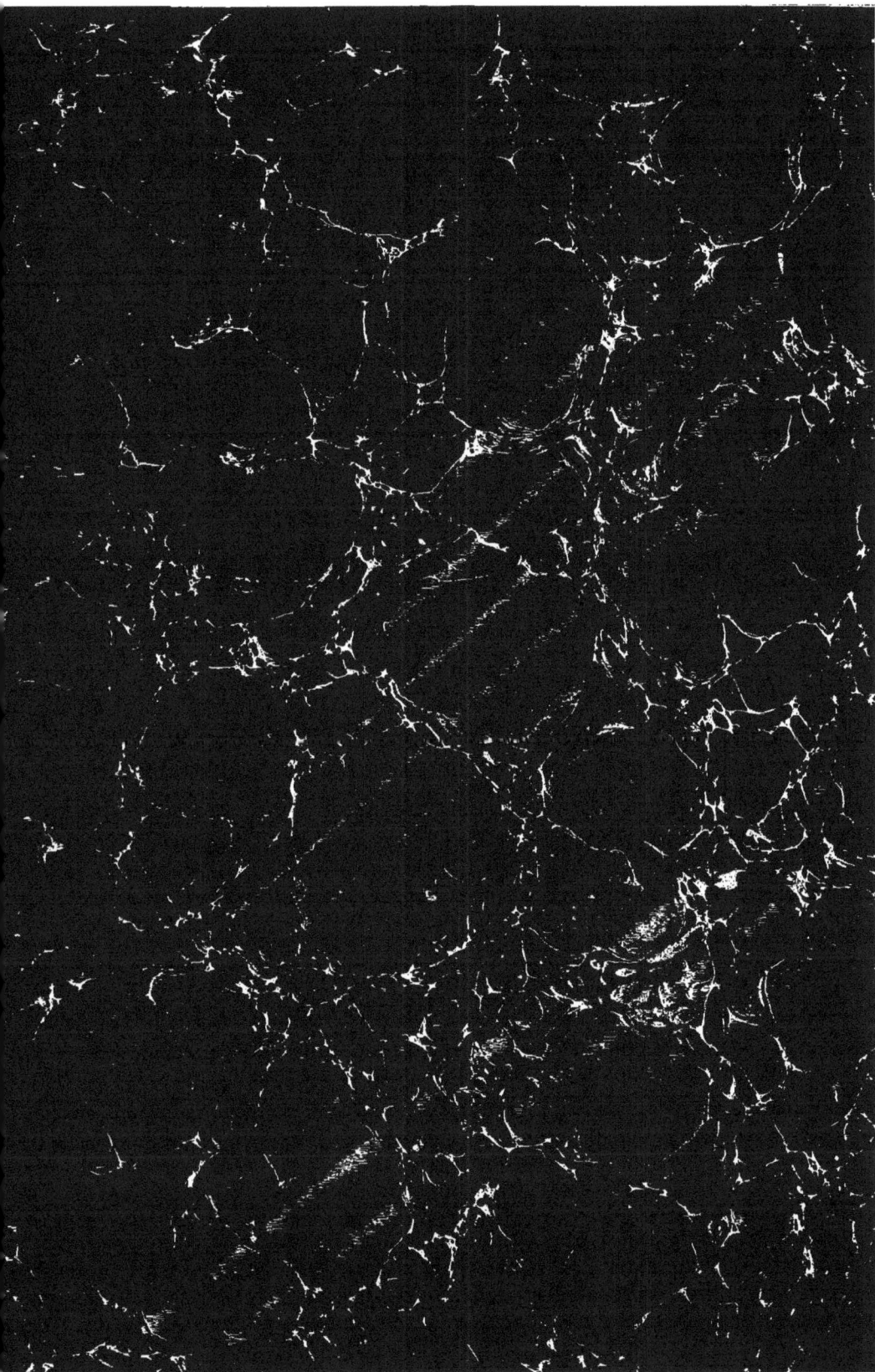

DU PRINCIPE

ESSENTIEL

DE L'HARMONIE

EN VENTE

CHEZ GARNIER FRÈRES, LIBRAIRES-ÉDITEURS,

6, RUE DES SAINTS-PÈRES, ET PALAIS-ROYAL, 215.

DU PRINCIPE

ESSENTIEL

DE L'HARMONIE

PAR

ALEXANDRE MARCHAND

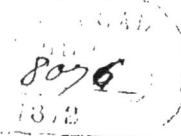

PARIS

IMPRIMÉ PAR AUTORISATION DU GOUVERNEMENT

À L'IMPRIMERIE NATIONALE

M DCCC LXXII

À

MONSIEUR AMBROISE THOMAS,

MEMBRE DE L'INSTITUT,

DIRECTEUR DU CONSERVATOIRE.

Monsieur et cher Maître,

Il m'est arrivé de mettre votre patience à l'épreuve. Je devrais en être confus. La vérité m'oblige à vous avouer que je n'éprouve aucun regret.

Lors du premier entretien que vous avez bien voulu m'accorder, je croyais avoir à m'expliquer devant un juge très-sévèrement attaché, en théorie, au culte de la science, qui n'admet pas que son autorité traditionnelle puisse être contestée.

J'avais des milliers de faits à produire à l'appui de ma thèse, et je me sentais assez convaincu pour la soutenir; mais autre chose est de faire accepter des idées si peu conformes aux traditions — les plus respectables, d'ailleurs.

Fort heureusement l'erreur dans laquelle j'étais à votre égard ne fut pas de longue durée. Je m'aperçus bien vite que vous possédez surtout, et au suprême degré, l'amour de l'Art. La persistance de votre attention acheva de me rassurer. Peut-être ne fut-elle pas sans influence sur mon travail, qui, à cette époque déjà loin de nous, se trouvait encore à l'état de croquis laissant à désirer sous tous les rapports.

Quoique faiblement développée dans l'ouvrage que je me fais un devoir d'offrir au Directeur de la grande école où mes études musicales se sont terminées, la thèse nouvelle a une valeur qui n'échappera pas au sens

A.

pratique des professeurs : ils reconnaîtront, je l'espère, que les aptitudes des élèves doivent se développer rapidement sur un terrain ferme, spacieux et en pleine lumière. L'étude de l'harmonie n'est-elle pas, pour l'oreille, un exercice gymnastique raisonné?

C'est ajouter à mon œuvre imparfaite un mérite qui me flatte à l'excès, Monsieur et cher Maître, que de lui accorder le droit de paraître sous votre patronage. Il y aurait quelque suffisance à vous en remercier publiquement. D'ailleurs, l'expression de mes sentiments les plus respectueux serait bien faible, comparée à la haute estime dont vous êtes si justement entouré.

A. M.

Paris, octobre 1872.

INTRODUCTION.

Dans cet ouvrage je m'attacherai surtout à expliquer ce que nous avons eu la faiblesse de regarder comme une énigme indéchiffrable, comme un mystère aussi profond que le tonneau des Danaïdes. C'était presque vrai : nous confondions l'impossible avec l'inconnu.

Il en est un peu des sons comme des couleurs et des expressions qui forment notre langage écrit ou parlé.

Les sons se combinent dans l'oreille du musicien comme les couleurs sur la rétine du peintre, comme les mots dans la pensée du poëte et de l'orateur. En se combinant, les sons acquièrent une valeur de ton que nous appellerons *tonalité*.

Les tonalités s'amalgament sur le tympan, qui est la palette du musicien, mais du musicien exercé et non du novice.

Étant donné à peindre une tête de jeune fille, l'écolier ingénu empâte sans hésiter les prunelles de bleu céleste, les lèvres de vermillon et les cheveux d'ocre pur. Des nuances?... Il en a peut-être bien le vague sentiment, mais ne lui demandez pas de préciser cela avec le pinceau.

L'adolescent qui n'a jamais quitté son village peut se trouver merveilleusement doué sous le rapport de l'élocution ; mais, pour discuter *ex professo* un sujet donné, l'honneur ou l'amour, par exemple, il lui manque d'abord le sentiment profond des grandes passions, et ensuite la science de la belle diction : science et sentiment qui sont le fruit de l'expérience et de l'étude.

Eh bien, au début de nos études musicales nous bégayons de même, nous ne distinguons pas davantage, nous n'employons pas mieux les expressions et les formes harmoniques. Le sentiment de l'harmonie existe chez nous à l'état fruste d'abord ; nous nous en servons gauchement, naïvement, en teinte plate... Il faut du temps pour arriver à concevoir les mixtures à l'aide desquelles l'artiste parvient à rendre les nuances les plus délicates !

Sans doute le talent du musicien diffère de celui du peintre, de l'écrivain et de l'orateur. Mais que font tous les artistes ?

Est-ce que, malgré la différence des procédés d'exécution, chacun d'eux ne traduit pas sa manière de voir, de sentir ou de comprendre une situation, un mouvement, un fait quelconque ? Est-ce qu'il ne met pas dans son œuvre une partie de sa personnalité ? La passion a bien, comme le fait physique, un caractère général qui ne varie pas ; elle produit bien sur chacun de nous une impression générale constante : cependant nous n'éprouvons pas exactement la même nuance de sensation agréable ou douloureuse.

Il doit donc y avoir autant de manières de s'exprimer qu'il

y a de manières de sentir; c'est-à-dire, en définitive, autant de *manières* que d'artistes. Ce que nous voyons en effet.

Or, pour le musicien, la forme à donner à une mélodie ou à une succession d'accords est une *manière* qui lui est propre. et qui, en dehors de certaines lois supérieures, fixes ou conventionnelles, varie suivant le tempérament de chaque compositeur. Il ne faut donc pas essayer de découvrir la cause déterminante qui fait qu'un auteur préfère telle ou telle forme mélodique ou transition harmonique à telle ou telle autre.

Avec des moyens insuffisants, des instruments qui laissaient beaucoup à désirer sous tous les rapports, des chanteurs auxquels la gravité sombre et larmoyante de la musique religieuse interdisait toute fantaisie, toute grâce, toute hardiesse de vocalisation, les anciens maîtres ont dû s'abstenir d'écrire des successions d'intervalles qui ne procédaient pas par mouvements simples et faciles à exprimer. Ils ont dû, au contraire, s'attacher avec un soin scrupuleux, poussé parfois jusqu'à l'extrême, à ce que l'on a peut-être appelé avec trop de complaisance le *style pur* : expression qui commande le respect, mais à laquelle il ne faut pas accorder sans examen toutes les perfections imaginables. Ce style pur n'est-il pas au style des grands symphonistes et auteurs dramatiques modernes ce que le simple est au composé? ce que le thème est à l'amplification? ce que la source est au fleuve?....

Les théoriciens ne se sont-ils pas inspirés, en général, des exemples qu'ils ont trouvés dans les œuvres des compositeurs, pour faire un classement méthodique et en tirer des principes que Catel et Reicha, entre autres, ont compris et enseignés d'une manière différente ? Il y a plus : Beethoven n'a-t-il pas émis, au sujet de l'accord de *quinte et sixte augmentée*, une opinion qui diffère et de la doctrine de Catel et de celle professée par Reicha ? Est-ce donc se montrer trop curieux que de chercher à savoir laquelle de ces trois autorités est la plus respectable ? Car enfin, deux d'entre elles, si ce n'est toutes les trois, se sont fourvoyées.

Le système de Catel, — continuateur de Kisnberger, qui, le premier, en 1781, imagina la *prolongation* des accords, — répond parfaitement à l'idée qu'éveille en nous l'expression de style pur. Il est évident que ce système a été puisé dans les œuvres des anciens maîtres, et que l'exposé qui en a été fait par le savant directeur du Conservatoire de Bruxelles [1] est un travail méthodique considérable. Néanmoins, la doctrine de Catel ne

---

[1] Si l'érudition donne plus de surface à l'esprit, elle laisse toujours — malheureusement — l'homme sujet à l'erreur : *Errare humanum est.* Cette vérité me met fort à l'aise pour constater que M. Fétis n'était pas l'ennemi de toute innovation, même des plus difficiles à accepter par lui. C'est ainsi qu'ayant eu un instant sous les yeux le manuscrit de cet ouvrage, — si révolutionnaire au point de vue de la doctrine dont il fut, pendant sa longue carrière, le principal et fervent propagateur, — M. Fétis s'est oublié au point d'approuver sans réserve le chapitre consacré à l'analyse harmonique des appoggiatures, et jusqu'à m'adresser ces lignes, que j'extrais d'une lettre datée du 21 octobre 1869 : « ...Je ne saurais formuler sur la valeur de votre ouvrage une opinion absolue. Toutefois le peu que j'en ai vu m'a paru très-intéressant et m'a donné fort bonne opinion de votre travail. »

Au lecteur d'apprécier.

va pas au delà. Ses principes s'appuient sur une pratique généralement observée; ils ont l'apparence de la certitude, sans
en posséder la consistance. Faire usage des mots de *prolongations*, de *pédales*, de *substitutions* et d'*appoggiatures*, c'est ingé-
nieux peut-être, ce n'est pas topique. Si l'on veut qu'une règle
généralement adoptée acquière la force d'un principe, il ne
suffit pas d'appliquer le nom d'exception à une transition harmonique en dehors de cette règle usuelle.

Ne savons-nous pas que l'eau et l'air, qui étaient regardés
autrefois comme des corps *simples*, sont classés actuellement
parmi les corps *composés*? Pouvons-nous oublier que c'est depuis cinq siècles seulement que la terre a la permission de
tourner? et qu'il y a peu d'années que la transmission de la
pensée, à l'aide d'un fil de laiton jeté entre l'Europe et le
nouveau monde, n'est plus une *utopie*?...

Procédés à observer pour maintenir le sentiment harmonique, pour donner de l'unité à la composition, pour exposer,
développer, varier un sujet, tout cela est minutieusement en-
seigné dans les écoles, — conservatoires, ateliers ou lycées. Ce
que l'on n'enseigne pas et qui ne peut être l'objet d'aucun enseignement méthodique, c'est l'*art* d'exprimer d'une manière
toute particulière un sentiment quelconque. Ceci est l'œuvre du
moi, de la personnalité. Et, si l'on veut que cette personnalité
puisse se dégager, se manifester librement, il faut la débar-
rasser des langes qui, à un moment donné, nuisent à la grâce
ou à l'énergie de ses mouvements.

Donc je respecte mais ne partage point l'illusion qui a fait poser *en principe* que toute dissonance, par exemple, doit se résoudre en descendant d'un degré diatonique ou chromatique.

Au XVIe et au XVIIe siècle, c'est-à-dire à l'époque où presque toute la musique d'ensemble était destinée aux cathédrales, Palestrina et ses successeurs considéraient avec beaucoup de raison que, pour donner à l'harmonie sacrée le caractère d'humilité résignée qui lui est propre, il était bon, nécessaire, indispensable, de maintenir le plus possible le sentiment de la tonalité, et surtout de ne s'en écarter jamais par une transition violente. De là le principe des dissonances *préparées*, des prolongations, des pédales.

Ceci était parfait. Mais enfin, Malherbe.... c'est-à-dire Rameau vint, qui, le premier, osa attaquer *sans préparation* une dissonance de septième mineure ! La musique de chambre, le théâtre de Glück, Lulli et Piccini, les symphonies allemandes, puis le répertoire moderne de l'Opéra et de l'Opéra-Comique, et par-dessus tout, peut-être, les ravissantes mélodies de l'École italienne, ont fait le reste, qui se continue encore avec plus ou moins de tact et de bonheur.

Or l'illusion dont je viens de parler crée aux jeunes étudiants en harmonie des obstacles qui, sous le prétexte tout à fait spécieux d'ajouter à la pureté du style, paralysent leurs facultés. On leur impose ainsi des embarras de forme dont ils ne parviennent, plus tard, à se rendre maîtres qu'en prenant

le parti héroïque de jeter à la mer presque tous leurs appro-
visionnements réglementaires.

L'enseignement dans les Conservatoires a pour objet de développer d'abord les facultés naturelles. Qu'il soit méthodique,
qu'il repose sur des procédés justifiés par l'expérience, rien de
mieux; mais est-il bon d'ériger en principes de *simples procédés*
d'enseignement? — Je ne le crois pas.

Il y a plus d'un siècle que les compositeurs, depuis Haydn
et Méhul jusqu'aux moindres auteurs d'opérettes, écrivent les
œuvres que l'on sait, après avoir posé les doigts sur le *même*
clavier, dont les touches font résonner les *mêmes* cordes donnant le *même* intervalle de quinte DO-SOL : soit comme accord
du premier degré en DO, soit comme accord du quatrième degré en SOL, — du cinquième degré en FA, — du troisième degré
en LA ♮ mineur ou LA ♭ majeur, — du sixième degré en MI ♮
mineur ou MI ♭ majeur, — du deuxième degré en SI ♭ majeur
et mineur. . . .

Ainsi, quel que soit le ton principal, nous sommes libres
d'attribuer ou de ne pas attribuer une valeur constituante,
tonale, fixe, à l'intervalle DO-SOL. Cette attribution est affaire
de *sentiment*.

Dans la pratique des beaux-arts, des milliers de faits se
rencontrent qui paraissent confus, mystérieux, et que l'on re-
garde comme impénétrables, moins par conviction que par
faiblesse : on ne voit pas l'utilité de les observer à la loupe.

Les combinaisons harmoniques ne se placent-elles pas d'elles-
mêmes sous les doigts du compositeur inspiré par la Mélodie.
ce rayon de lumière stellée? La foule, qui applaudit, n'est-
elle pas satisfaite, heureuse, émerveillée? A quoi bon soumettre les gammes, les accords et les appoggiatures, à des ana-
lyses, pour mettre à nu quelque charpente osseuse horrible à
voir !. . . . . En supposant que l'on parvienne jamais à découvrir la racine d'un *pourquoi*, en sera-t-on plus avancé?

A cela je réponds :

L'Art et la Science ont un caractère différent, qui ne permet
pas de les confondre; mais ils s'appuient l'un sur l'autre, comme
frère et sœur. Il ne faut pas les séparer d'une manière absolue, il faut leur permettre de se donner la main.

Un son musical qui se produit dans certaines conditions
nous laisse percevoir des résonnances. Quelles qu'elles soient,
ces résonnances prouvent nos aptitudes natives à saisir des relations harmoniques.

On sait, — et l'histoire de la musique, si obscure qu'elle
soit à certains égards, le démontre surabondamment, — on
sait que nos organes ont besoin d'être exercés, soit pour arriver
à percevoir des rapports harmoniques, soit pour chanter la
plupart des intervalles, même les plus simples.

Il est également incontestable que, par l'habitude, par la
pratique des combinaisons élémentaires qui font l'éducation
première de nos organes, ceux-ci acquièrent une délicatesse
de perception incomparablement supérieure. C'est alors que,
porté à son plus haut degré de puissance, le sentiment de l'har-

monie permet à l'artiste de chanter à première vue, au chef
d'orchestre, de juger l'effet d'un morceau d'ensemble, en jetant
un coup d'œil rapide sur la partition ; au compositeur, de concevoir spontanément, en toute liberté et comme par inspiration réelle, une série inépuisable de formes mélodiques et d'accords qui semblent venir des lointains les plus éthérés. Mais
ces inspirations voilées ne sont pas des êtres surnaturels. In-
substantielles en apparence comme le son, elles tiennent,
comme lui, au monde physique par l'air, qui transmet au tympan les vibrations du corps sonore.

Les progrès réalisés par l'habitude ne peuvent rien ajouter
à la somme de nos facultés naturelles ; mais, sous leur influence, le sentiment de l'harmonie acquiert un développement
considérable.

A force de pratiquer l'harmonie, nos sens deviennent vo-
luptueux et délicats ; ils se passionnent, ils brûlent du désir
de mordre au fruit de l'inconnu. Et, comme nous découvrons
sans cesse des formes nouvelles, nous concevons le fol espoir
d'arriver à l'infini, — qui se dérobe toujours : on n'y arrive
jamais. Qu'importe ? l'illusion est là qui persiste ; la force ex-
pansive de nos facultés continue à s'accroître..... Si bien
qu'à un moment donné il n'est même pas nécessaire qu'un son
réel vienne à frapper notre oreille ; nous l'imaginons, et cela
suffit pour déterminer une commotion harmonique qui fait
vibrer notre pensée, comme la chanterelle vibre sous l'archet
qui l'effleure.

Cependant, tout en prenant pour point de départ un son

imaginaire, le compositeur ne peut courir, absolument dégagé de toute contrainte, les sentiers de la fantaisie pure. Pour formuler sa pensée, il laisse fonctionner mentalement son organe auditif, et, dans cette fonction particulière, l'organe subit, de toute nécessité, l'influence de la loi naturelle.

J'accepte donc de l'acoustique savante la seule chose que l'art musical lui emprunte : le sentiment rudimentaire de l'harmonie. Peut-être la physiologie pourra-t-elle, en projetant une vive lumière sur l'ensemble de la théorie, faire saillir de l'obscurité toutes les origines et les déductions possibles. Sans attendre que cette féconde démonstration se produise, on peut affirmer la vérité qu'elle porte dans ses flancs, et dire que la faculté de créer des combinaisons phonétiques dépend à la fois de l'état de nos organes et de l'exercice auquel il nous plaît de les soumettre.

Les propriétés de l'onde sonore appartiennent à la Science; ses charmes sont du domaine de l'Art musical.

TABLE SOMMAIRE.

———

DU PRINCIPE

ESSENTIEL

DE L'HARMONIE.

Si, concevant un accord DO MI SOL, nous admettons *a priori* qu'il est consonnant parfait, qu'il a pour basse fondamentale DO et qu'il se place sur le premier degré d'une gamme majeure, nous commençons par enfermer notre imagination dans un cercle qui limite la liberté de ses mouvements. Appuyé sur ce principe antérieur, l'accord acquiert une sorte d'autorité qui impose et nous porte soit à le soutenir, soit à lui faire succéder un autre groupe harmonique ayant avec lui au moins un son ou rapport commun :

Si, au contraire, faisant abstraction de toute doctrine préconçue, nous ne voyons dans les mêmes sons DO, MI, SOL, que trois éléments distincts d'harmonie momentanée, notre imagination cesse d'être emprisonnée, et l'étendue de la carrière qu'elle peut parcourir ne se trouve limitée que par l'instinct musical, le goût, la réflexion, l'à-propos de faire telle modulation de préférence à telle autre ou de n'en faire aucune :

Entre ces deux manières de procéder il y a du choix : celle-ci est moins élémentaire que celle-là, mais elles sont toutes les deux également praticables, et, par conséquent, l'une ne doit pas être considérée comme plus exceptionnelle que l'autre, au point de vue de la succession harmonique.

Essayons donc de dégager le principe auquel obéit instinctivement l'artiste devenu maître, et dont le professeur cherche encore aujourd'hui la formule générale nécessaire à son enseignement.

Ce principe est simple, comme tout ce qui est vrai, mais il faut le préciser.

En raison de l'étendue comparativement faible de la voix humaine, un son grave possède un caractère de basse fondamentale qui nous dispose à grouper au-dessus de lui les sons avec lesquels il forme une échelle harmonique. Ce son grave peut donc être considéré comme le *radical* générateur des *dérivés* qu'il supporte :

Dans un son donné à l'aigu, il y a, au contraire, une finesse, une légèreté qui se prête plus volontiers à l'ornementation, et sollicite impérieusement un ou plusieurs points d'appui. Ces degrés harmoniques constituent, avec le son donné à l'aigu, un accord semblable au précédent, c'est-à-dire que le son le plus grave. étant pris pour radical, supporterait les sons supérieurs :

Un son *moyen* est neutre; et nous pouvons toujours ramener un son quelconque à cet état de neutralité, en le transposant, par la pensée, d'une ou plusieurs octaves. Le son moyen ne s'impose pas plus comme radical que comme dérivé d'un générateur supposé: libre à nous, par conséquent. de le placer au sommet, à la base ou au centre d'une échelle harmonique, en un mot, de lui assigner un rôle secondaire ou principal [1] :

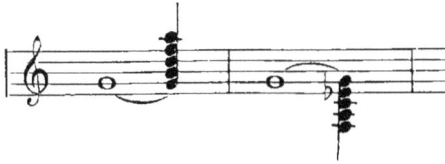

D'après cela, si l'on produit un son à l'aide d'un instrument à cordes, par exemple, quoi de plus simple, de plus rationnel, que nous puissions chanter ou imaginer (imaginer, c'est chanter mentalement) tous les sons qui se conjuguent harmoniquement avec le premier, soutenu ou reproduit à l'octave :

A l'instrument, substituez le sentiment du son qu'il donne, vous aurez l'explication, très-incomplète sans doute, mais exacte, du phénomène qui s'accomplit dans l'imagination du musicien improvisateur.

[1] Il suit de là que nous pouvons aussi bien concevoir l'accord parfait majeur que l'accord parfait mineur, mais que, cependant, ce dernier est le complément harmonique de l'accord parfait majeur :

Le sentiment des deux accords est donc également dans la nature. Ce fait répond victorieusement, je crois, à la question de savoir lequel des deux modes est le plus naturel.

Cette première observation nous amène à comprendre la possibilité d'une transition plus accentuée, plus réelle, au moment où le son instrumental ou imaginaire *sol*, cessant de fonctionner comme radical, passe à l'état de dérivé :

En effet, le premier radical de *sol* est précisément *mi* ♭. Il dépend donc absolument de notre volonté de faire alors une transition en *mi* ♭.

Par la même raison, rien n'est plus naturel, au moment où il nous plaît de donner le son *do* pour radical à *sol* aigu, que notre pensée, vivement impressionnée à l'apparition de ce nouvel arrivant, ne nous fasse oublier *sol*, ou, du moins, ne nous porte à considérer *do* comme son principal. Dans ce cas, le son *do*, prenant le caractère de radical, nous inspirera, avec *sol*, à titre de deuxième dérivé, l'accord parfait majeur de *do* accompagné ou privé des dérivés superflus *si* ♭ et *ré* :

Mais, au lieu d'imaginer, au-dessous de *sol*, le groupe de radicaux *mi* ♭, *do*, *la*, le compositeur, faisant abstraction des deux premiers, peut fort bien se laisser dominer par le sentiment du seul radical *la*, et concevoir l'échelle harmonique de ce son comme s'il était produit isolément, ce qui détermine une transition en conséquence :

De même, rien ne s'oppose à ce que le sentiment de l'échelle harmonique de *fa* se manifeste au moment où *sol* est, réellement ou
fictivement, transporté à l'aigu :

La transition de *sol* à l'échelle harmonique ou tonalité naturelle de *si* est ce qu'il y a de plus simple à comprendre et à réaliser. En effet, *sol* donne par induction son premier dérivé *si*, auquel l'instinct musical nous permet de nous attacher à l'exclusion
de *sol*. Ce dernier son étant éliminé, *si* passe à l'état de foyer générateur, et, sous l'influence de cette chaleur vivifiante, les dérivés
s'épanouissent aussitôt comme par enchantement :

Ce qui vient d'être dit au sujet du premier dérivé de *sol* s'applique plus naturellement encore à son deuxième dérivé *ré*; car,
indépendamment de la fonction constituante de la quinte tonale
sol ré, l'échelle harmonique de *sol* donne l'intervalle *ré la*, qui
est constitutif de la tonalité de *ré*. Par suite, la transition s'opère

sans le moindre effort et n'exige aucune habileté de main; elle ne
demande que de l'à-propos.

Ainsi, en partant d'un son, *do*, il est possible de concevoir ou
de faire entendre, sans le secours d'aucun intermédiaire, un certain nombre d'accords sur tous les degrés de l'échelle musicale.

En effet, premièrement, *do* fait partie de l'échelle harmonique
de chacun des sons *do*, *la* ♭, *fa*, *ré*, *si* ♭ :

Nous pouvons donc réaliser immédiatement chacun de ces différents accords, et, à plus forte raison, un seul de leurs dérivés; ou
bien, supposer que, au moment où le son *do* vient à frapper l'o-
reille, il est associé à l'un de ses radicaux ou de ses dérivés spéciaux,
faisant partie en même temps d'une autre échelle harmonique. Ce
son fictif sera le lien, le rapport commun qui permettra de faire
succéder à *do* l'accord auquel il est certainement étranger, mais
pas d'une manière absolue.

TRANSITION D'UN SON ISOLÉ, *DO*, AUX DIFFÉRENTES FORMES
DE L'ÉCHELLE HARMONIQUE DES SONS CI-APRÈS.

Transition *DO* — *LA*

Transition *DO* — *MI*

Transition DO — SOL   Transition DO — MI ♭

Transition DO — SI

Transition DO — SOL ♭ (FA ♯)

Transition DO — RE ♭ (DO ♯)

Ne multiplions pas, sans nécessité, les exemples.

Prenons de suite un accord naturel complet, afin de démontrer que, même en partant de cet accord assez touffu de neuvième ma-

En effet, premièrement, *do* fait partie de l'échelle harmonique
de chacun des sons *do*, *la* ♭, *fa*, *ré*, *si* ♭ :

Nous pouvons donc réaliser immédiatement chacun de ces différents accords, et, à plus forte raison, un seul de leurs dérivés; ou
bien, supposer que, au moment où le son *do* vient à frapper l'o-
reille, il est associé à l'un de ses radicaux ou de ses dérivés spéciaux,
faisant partie en même temps d'une autre échelle harmonique. Ce
son fictif sera le lien, le rapport commun qui permettra de faire
succéder à *do* l'accord auquel il est certainement étranger, mais
pas d'une manière absolue.

TRANSITION D'UN SON ISOLÉ, *DO*, AUX DIFFÉRENTES FORMES
DE L'ÉCHELLE HARMONIQUE DES SONS CI-APRÈS.

Transition *DO* — *LA*

Transition *DO* — *MI*

Transition *DO — SOL*　　　　　Transition *DO — MI* ♭

pour　　ou bien　　　　pour

Transition *DO — SI*

pour　　　　ou　　　ou bien　　　ou enfin

Transition *DO — SOL* ♭ (*FA* ♯)

pour　　　ou bien　　ou encore　　équivalent

Transition *DO — RE* ♭ (*DO* ♯)

pour　　　ou　　　ou bien　　　ou enfin

Ne multiplions pas, sans nécessité, les exemples.

Prenons de suite un accord naturel complet, afin de démontrer que, même en partant de cet accord assez touffu de neuvième ma-

jeure, il est possible d'attaquer directement un autre accord naturel quelconque, accompagné ou privé de ses dérivés superflus.

TRANSITION DIRECTE D'UN ACCORD DE NEUVIÈME MAJEURE À UN AUTRE

ACCORD NATUREL, COMPLET OU INCOMPLET.

FA   *FA* ♯

Maintenant, essayons la justification harmonique raisonnée de quelques-unes de ces transitions.

TRANSITION EN *SOL*.

L'accord naturel de *sol* étant donné, je prends pour point d'appui *re la*, en faisant abstraction des autres sons. Il s'opère ainsi une cadence simulée de Dominante à Tonique,

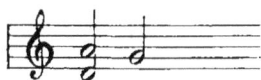

qui satisfait l'instinct musical; car, si la cadence est peu apparente, si elle frappe l'oreille sans être remarquée, elle n'en est pas moins réelle.

TRANSITION EN *LA* ♭.

1° Accord franc ou parfait (les trois premiers sons de l'échelle harmonique).

Dans la transition du même accord de neuvième de *sol* à l'accord parfait de *la* ♭, c'est *sol*, considéré comme 7ᵉ degré diatonique ou sensible, qui détermine plus particulièrement la résolution, puisqu'il permet de concevoir la cadence régulière :

Ensuite, les tonalités de *do* et de *mi* ♭, qui se conjuguent harmoniquement avec celle de *la* ♭, sont déterminées, comme cette dernière, par les sons *re* et *si* ♮ considérés comme 7ᵉˢ degrés diatoniques des gammes de *mi* ♭ et de *do*. De telle sorte que l'on peut concevoir trois mouvements résolutifs parallèles,

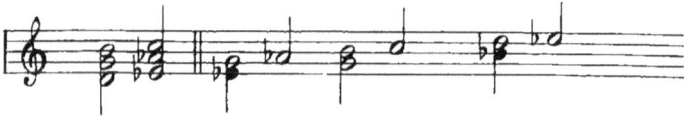

plus deux autres mouvements semblables entre eux : le premier, de *fa* à *mi* ♭ ; le second, de *la* à *sol* ♯, équivalent de *la* ♭ :

ce qui revient à dire qu'il y a autant de mouvements mélodiques élémentaires possibles :

2° Accord naturel de septième (les quatre premiers sons de l'échelle harmonique).

La transition de l'accord de neuvième majeure de *sol* à l'accord de septième mineure de *la* ♭ ne diffère de la précédente qu'en ce qu'elle détermine un quatrième mouvement résolutif de Sensible, FA, à Tonique, SOL ♭, qui est parallèle aux trois premiers mouvements : RE-MI ♭, SI-DO, SOL-LA ♭.

Dès lors les tonalités rudimentaires de SOL, MI, DO et LA ♭, qui se conjuguent harmoniquement entre elles par leur dérivé commun SI ♭,

se trouvent naturellement conjointes et peuvent donner la sensation vague de mouvements élémentaires correspondants :

Le mouvement FA-SOL ♭ peut d'autant plus facilement se dégager de l'ensemble, que SI ♮, équivalent de DO ♭, est l'un des sons caractéristiques de l'accord de septième dominante du ton de SOL ♭ :

Par conséquent, pour faire suivre l'accord naturel de SOL ♮ de l'une des formes de l'accord naturel de LA ♭,

le compositeur laisse, par un acte de volonté inconsciente, son

2.

imagination obéir à l'impulsion que lui donne le sentiment de quatre résolutions simultanément conjuguées, et particulièrement *FA-SOL* ♭. Il lui suffit de vouloir cette transition pour qu'elle devienne possible et que les rapports harmoniques nécessaires se présentent à son esprit. Et, pour peu qu'elle ne soit pas dépourvue de grâce naturelle, cette même transition frappera agréablement l'oreille.

Ainsi, tandis que la transition par *mouvement semblable*

nous paraît grossière, la même transition nous plaît, si elle renferme un *mouvement contraire :*

Qu'est-ce à dire? Et pourquoi ce *mouvement contraire* a-t-il la vertu de changer un vil métal en or pur?

Ce n'est point *parce que* le mouvement est contraire, qu'il possède une propriété si merveilleuse, mais bien *quoique.* En effet, on a négligé de remarquer jusqu'ici que *MI* ♭ est un radical de *SOL,* et que le mouvement *SOL-MI* ♭ détermine en conséquence un *rapport harmonique naturel* de liaison entre les tonalités de *SOL, MI* ♭ et *LA* ♭, rapport que l'oreille s'assimile instantanément, sans qu'il lui en coûte le moindre effort :

3° Accord naturel de neuvième (échelle harmonique).

La transition à l'accord de neuvième majeure de *la* ♭ détermine
un mouvement résolutif *la-si* ♭, qui représente une cadence régulière, et, de plus, réelle, car la Dominante *fa* se trouve exprimée :

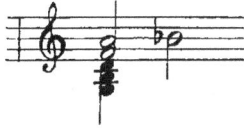

Dès lors, pour donner à ce *fa* le caractère de Dominante résolutive de *si* ♭, le compositeur n'a qu'à vouloir; et *si* ♭ une fois déterminé, ses radicaux harmoniques, *sol* ♭, *mi* ♭, *do*, *la* ♭, viennent
s'offrir d'eux-mêmes à l'inspiration :

Ce phénomène s'accomplit avec une spontanéité qui produit sur
nos sens un effet que l'on a regardé jusqu'ici comme une manifestation soudaine de l'esprit, échappant à toute analyse. C'est une
erreur; car, en premier lieu, s'il est vrai que la pensée insubstan-
tielle ne puisse être décomposée par aucun des procédés qui ont
une action sur la matière, elle n'échappe pas absolument à toute
investigation. Puis, ce que nous appelons *inspiration* ou *pensée musicale*, ayant une relation nécessaire avec le jeu de nos organes, il
s'ensuit que, tout en restant discrètement voilée, la *raison des choses
musicales* n'est pas absolument inabordable.

TRANSITION EN *la* ♮.

Pour opérer la transition directe de l'accord de neuvième majeure de *sol* à l'accord parfait de *la* ♮, il suffit de considérer les
sons *re si* comme dérivés de *mi*, son qui est la quinte constituante

de la tonalité de *la*; et alors on détermine une résolution fictive
de Dominante, *mi*, à Tonique, *la* :

Remarquons, en outre, que les accords naturels de *sol* et de *la*
se conjuguent par leurs sons extrêmes :

Par conséquent, la transition directe de l'un à l'autre est très-
possible, mais fort délicate. Si l'on n'en modifie pas les dispositions
naturelles, il est indispensable de mettre entre les deux accords de
neuvième majeure un intervalle qui permette à l'oreille de saisir
sans difficulté ce rapport harmonique :

Pareille nécessité s'impose quand on veut passer de l'échelle harmonique de *sol* à celle de *fa*. Pour attaquer directement l'accord
de neuvième majeure dont *fa* est le radical, il faut changer ses dispositions naturelles, sans quoi l'harmonie résultante blesse cruel-
lement l'oreille.

Dire que cela tient au mouvement *impossible* de deux quintes
consécutives non dissimulées, c'est énoncer un fait, rien de plus;
ce n'est pas donner une explication satisfaisante. Or ce fait n'est
pas rigoureusement exact; il est contestable, puisqu'on peut citer
des exemples de quintes consécutives *possibles*.

Il y a, dans je ne sais plus quelle scène de la partition de *Guil-*

laume Tell, deux de ces quintes prohibées ; elles sont exécutées par les bassons, mais leur mouvement est dissimulé par celui d'autres instruments de l'orchestre. Ce dernier dessin captive l'attention, et l'oreille, tout entière au transport qu'elle éprouve, éblouie par l'éclat de l'ensemble harmonieux qui en résulte, ne distingue ni la forme hideuse, ni le cri strident de la double quinte qui fait un zig-zag rapide, et disparaît.

Perpétrée par Rossini, cette licence n'a pas lieu de surprendre; mais M. Fétis lui-même — *tu quoque !* — n'a pas craint de commettre deux quintes par mouvement semblable, dans une leçon d'harmonie que l'on trouverait page 23 de son *Manuel des compositeurs, directeurs de musique, chefs d'orchestre et de musique militaire.*

Faut-il marquer un mauvais point à l'élève Fétis, au lieu de reconnaître que l'éminent professeur a donné là une nouvelle preuve de goût et de savoir pratique?

S'il était nécessaire de multiplier les citations, nous n'aurions que l'embarras du choix en jetant les yeux sur les meilleures partitions modernes.

On sait, du reste, que l'accord appelé *de quinte et sixte augmentée* peut donner lieu à une succession de quintes consécutives sans produire un effet *intolérable :*

Cela vient de ce que le sentiment de la succession régulière,

justifié par le second accord, est beaucoup plus intense que celui
des successions :

il domine, il flatte notre organe, qui, par suite, néglige volontiers
tout autre rapport de tonalité.

Cette interdiction de deux quintes par mouvement semblable a,
de tout temps, été fort justement observée par les compositeurs lorsqu'ils écrivent *pour les voix*. Les artistes qui chantent en chœur ont
un larynx, instrument à intonations multiples, d'une extrême mo-
bilité; ils ont, en outre, un appareil auditif qui subit des impres-
sions dont ils ne peuvent se défendre, et qui les guident ou les
désorientent. Le baryton qui articule *la* ♭, entendant son voisin
donner un *re* ♭ grave, a le sentiment d'un accord résolutif en *la* ♭
ou en *mi* ♭ :

Ces deux derniers accords se conjuguent avec celui de *do*, mais
l'échelle harmonique de *do* n'a aucun rapport direct avec celle de
re ♭, dont tous les termes lui sont étrangers. Il en résulte que l'un
et l'autre chanteur, en attaquant les deux degrés constituants *do*,

sol, de la tonalité de *do*, se trouvent désorientés, manquent de point d'appui et perdent l'équilibre.

Cessons donc de poser comme un dogme l'interdiction de deux quintes, puisque ce prétendu dogme souffre des exceptions très-nombreuses, charmantes et on ne peut plus respectables.

Quoique bien insuffisante encore, l'analyse qui précède permet déjà de comprendre que toute transition s'opère en vertu du rapport harmonique existant entre un ou plusieurs des sons de l'un et de l'autre accords, ou à l'aide d'une cadence simulée.

Je crois donc pouvoir, dès à présent, formuler, en termes généraux, le principe de l'harmonie, sauf à prouver, par la suite, que cette formule s'applique, avec une remarquable précision, à toutes les transitions imaginables :

DANS TOUT ACCORD, UN SON PEUT TOUJOURS ÊTRE ISOLÉ PAR LA PENSÉE ET DEVENIR AINSI L'ÉLÉMENT D'UNE COMBINAISON HARMONIQUE PARTICULIÈRE, TRANSITIVE OU RÉSOLUTIVE.

DE LA GAMME DIATONIQUE NATURELLE

OU MAJEURE.

Les sons entre lesquels existe le plus d'affinité, tels que *DO*, *SOL*, par exemple, ont une valeur harmonique qui est appréciée sans examen par l'oreille, mais non sans hésitation par une voix peu exercée. L'intervalle diatonique normal, je veux dire de seconde majeure, *DO-RÉ*, est d'une conception plus facile, plus en rapport avec nos facultés naturelles, tant que celles-ci n'ont pas été assouplies par un exercice suffisant.

Si j'analyse harmoniquement le groupe diatonique,

je constate :

1° Que le deuxième son est un dérivé commun à chacun des sons de l'accord franc ou parfait, *DO-MI-SOL*, du premier son, *DO* :

2° Que les trois sons donnés dérivent du premier et du second :

3.

3° Que le premier son est le radical extrême du deuxième,
comme celui-ci est le radical extrême du dernier :

Ainsi, le groupe DO-RÉ-MI est formé de trois sons qui peuvent
se juxtaposer harmoniquement.

Cette observation ne prouve-t-elle pas que le triolet diatonique
majeur est élémentaire, et qu'il a dû être la forme primitive de la
mélopée, je veux dire la première employée pour *moduler* avec la
voix ?

Avec trois triolets semblables, à distance respective de quinte,

on obtient les sept sons constituants de la gamme diatonique.

Rapprochés au plus près par inversion, ces triolets ou tierces
diatoniques majeures forment une suite régulière :

En éliminant, soit à la limite supérieure, soit à la limite inférieure, les sons semblables *SOL*, *LA*, qui s'y trouvent répétés, il reste
deux séries,

qui, l'une et l'autre, comprennent sept sons. se composent de

deux parties semblables, et possèdent, chacune, un caractère particulier.

Disposée dans un ordre inverse, la première série donne notre
gamme majeure :

Ainsi, la gamme moderne n'est autre chose que le renversement
de deux tétracordes[1] semblables du système pratiqué par les Grecs
qui jouaient de la lyre et du chalumeau, il y a trois mille ans.

En reproduisant au grave le son extrême *la*, de la deuxième
série, on obtient notre gamme mineure descendante.

qui me semble être aussi une des formes de la musique grecque.
comme la gamme résultant de l'inversion,

---

[1] Tétracorde est le nom francisé que les Grecs donnaient à une lyre montée de *quatre
cordes*. Celles-ci représentaient-elles uniquement et toujours, ainsi que nous le suppo-
sons. l'ensemble de *quatre sons diatoniques consécutifs?* Je ne partage pas cet avis. Je
crois que l'expression de tétracorde n'avait pas un sens restreint, et qu'elle s'appliquait
aussi à une lyre d'accompagnement dont les quatre cordes donnaient les sons extrêmes
de deux ou de trois tétracordes mélodiques ou chantants :

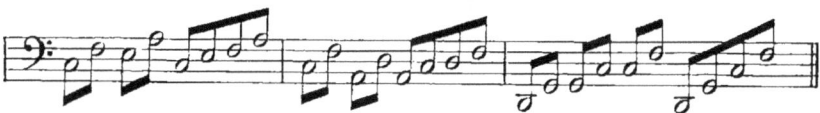

Si cette interprétation est acceptée. elle permettra de rectifier quantité d'opinions
émises sur la musique grecque.

que les Arabes cultivent encore de nos jours aux portes d'Alger...
et de Clermont en Auvergne.

Revenant à la constitution harmonique de notre gamme majeure, il est à remarquer que, si l'on prend pour point de départ
l'accord naturel de la dominante, *sol*, les deux autres sons, *do*, *mi*,
qui complètent la série diatonique, sont déterminés par leurs radicaux essentiels, *fa*, *la*, qui sont les dérivés superflus de cette dominante :

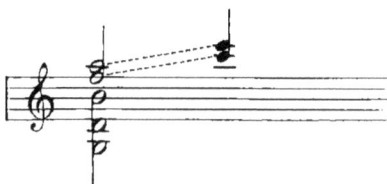

En partant de l'accord simple de la tonique. *do-mi-sol*, le sentiment des autres sons de la gamme — *si*, *ré*, *fa*, *la*, — dérive
directement de la dominante, *sol* :

Pris dans un certain ordre, les sons de la gamme naturelle se
déduisent les uns des autres, par cadences. à partir du dernier
son diatonique, *si* :

Ainsi donc les sept intervalles diatoniques se déduisent harmo-

niquement, naturellement, les uns des autres. Ils peuvent, en conséquence, être disposés de manière à former, soit isolément, soit
en série unique.

un certain nombre de *gammes*, *modes* ou *genres* élémentaires, qui
ont servi et serviront éternellement aux hommes pour chanter toutes
les joies, toutes les douleurs, tous les transports possibles, mais
sans y mettre ces nuances délicates que l'intervalle minime, le
chrome[1], permet seul d'accuser d'une manière parfaite, quand on
est en possession de la gamme chromatique.

La gamme naturelle majeure se compose de deux parties semblables : DO-RÉ-MI-FA — SOL-LA-SI-DO.

Le premier tétracorde, DO-RÉ-MI-FA, est la reproduction de
la deuxième partie de la gamme de FA, quinte inférieure de DO,

---

[1] En grec *chróma* : nuance, couleur.

tandis que le deuxième tétracorde, *sol-la-si-do*, reproduit la première moitié de la gamme de *sol*, sa quinte supérieure :

Il en est de même de toutes les gammes.

La deuxième partie de la gamme de *sol* n'est autre chose que
le premier tétracorde de la gamme de *ré*; la première partie de
la gamme de *fa* reproduit le deuxième tétracorde de la gamme
si ♭ ; etc. etc.

Ainsi, toutes les gammes sont *conjuguées* entre elles, et chacune
renferme le sentiment de deux tonalités accessoires, mais essen-
tielles, de quinte supérieure ou de quinte inférieure, qui semblent
avoir pour fonction de maintenir en équilibre la tonalité principale.

Toutefois, la portée de cette dernière observation a des limites

relativement assez restreintes, au point de vue des transitions harmoniques possibles; elle ne s'étend pas au delà de la gamme pratiquée dans sa forme la plus simple, la plus condensée, la plus pure.
Cela est de toute évidence, car chaque degré diatonique peut, en
définitive, se traiter isolément comme radical, et passer, de la
sorte, à l'état de nouvelle tonique, au besoin :

Si l'on combine deux à deux certains sons de l'échelle harmonique de *sol*, il est à remarquer que l'on obtient trois intervalles. *ré-la*, *si-la*, *sol-fa* ♮, qui font naître le sentiment de trois accords naturels de dominantes, ayant pour fonction de déterminer isolément les trois sons *sol*, *mi*, *do* :

Aux théoriciens qui persistent à établir une barrière infranchissable, une différence pratique essentielle entre les intervalles harmoniques de septième sensible en *do* et de septième dominante en *mi*,

je réponds, appuyé sur le clavier d'un piano :

En maintenant ses doigts sur les mêmes touches, le compositeur accomplit une foule de transitions. Donc, les commas mineurs et majeurs constatés par la science théorique ne sont que des nuances, des affinités très-appréciables, sans doute, mais nullement constitutives. Ce sont de pures attractions mélodiques.

Les rigoristes ne s'aperçoivent pas qu'ils confondent, par mégarde, deux choses bien différentes : l'intervalle et les sons qui servent à le faire apprécier. L'intervalle, — ils le savent parfaitement, et je n'ai, certes, pas la prétention de le leur apprendre. — c'est le rapport ou l'effet harmonique produit par ces deux sons. Que l'on ajoute un troisième son, l'effet sera modifié, bien que les deux premiers sons restent exactement les mêmes :

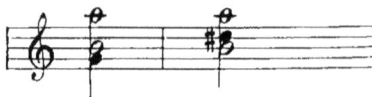

SOL ajouté aux sons primitifs SI, LA, précise davantage le senti-
timent d'une tonalité : RÉ ♯, ajouté aux mêmes sons, détermine un
tout autre rapport tonal. Et cela, malgré le *tempérament* qui fixe les
sons du piano sur lequel on vérifie expérimentalement ce simple
fait.

Les notes à vide des instruments à cordes de l'orchestre, les sons
quasi-invariables des instruments de cuivre, les sons absolument
fixes de la harpe, ne s'harmonisent-ils pas avec les sons variables
du violon et du violoncelle ? avec les inflexions les plus délicates
de la voix humaine ? Et, quand on songe que des compositeurs sont
parvenus, en s'accompagnant sur des instruments *faux* [1], à écrire
des quintettes, des septuors, des symphonies, des œuvres lyriques
telles que *les Huguenots, la Norma, la Juive, la Favorite*, ou de
simples opéras comiques, tels que *le Pré aux Clercs* et *le Domino
Noir*, la théorie persistera-t-elle à nier l'évidence ?

Si, dans l'harmonie à deux parties, par exemple, nous avons le
choix de plusieurs combinaisons également agréables à l'oreille,
n'est-il pas évident que cela tient à la fois au pouvoir harmonique
des sons, à l'influence qu'ils exercent sur nos sens et à l'état de
développement de nos facultés musicales ?

Dans le chant que voici, la partie supérieure, quoique débu-
tant et finissant par le son *MI*, fait tout d'abord une gamme ascendante en *DO*. Cette gamme, ou plus exactement cette suite de sons,
non diatonique à l'égard de *MI*, ne pourrait se chanter sans difficulté, si elle n'était sous la dépendance tonale de *DO*, c'est-à-dire

---

[1] On connaît cette plaisanterie à propos des sons tempérés : le piano est un instrument faux.

si le chanteur ne percevait pas instinctivement les rapports harmoniques qui le sollicitent à donner un *fa* ♮ immédiatement après
avoir chanté un *mi* ♮. Une telle succession ne peut lui être dictée
que par le *sentiment* de la dominante, *sol*, plus particulièrement,
et, dans tous les cas, par un sentiment harmonique quelconque.

A plus forte raison, nous serait-il impossible de concevoir ou
de tolérer des sons étrangers à la gamme de *do* parfaitement définie, s'il n'existait entre les uns et les autres sons aucun lien harmonique.

Ce sont là des phénomènes très-simples, qui s'accomplissent sans
que nous y prenions garde. Et non-seulement cela est certain,
mais il est très-utile de le savoir. On le verra plus loin.

Terminons par quelques mots sur l'accord parfait majeur.

Les trois sons graves de l'accord naturel forment un groupe harmonique qui possède le caractère de stabilité, et réalise en quelque
sorte le sentiment de la perfection. Cela ne veut pas dire que l'accord parfait soit d'une beauté séduisante à nulle autre pareille, et
réunisse, au suprême degré, tous les attraits imaginables; cela signifie seulement que les trois sons dont il est composé se maintiennent
en équilibre. C'est la perfection de la ligne droite, rien de plus.

Dans l'accord parfait majeur, la dominante et la médiante, harmoniquement étrangères l'une à l'autre, ont pour radical commun

la tonique; tandis que, dans l'accord parfait mineur, la tonique n'a
qu'un seul de ses dérivés exprimé, qui est la dominante; et celle-ci,
sol, s'appuie en outre sur un deuxième radical, qui est la médiante,
mi ♭.

En d'autres termes, dans le mode majeur, le troisième degré et
le cinquième degré se rattachent à la tonique, qui est leur radical
commun. La tonalité se trouve ainsi parfaitement établie, claire-

ment formulée. Le groupe tonal est très-pur, très-net, très-simple-
ment et fortement constitué, puisqu'il repose sur une seule base,
qui est la tonique.

Avec les sons de l'accord parfait majeur et les dérivés de chacun
de ces sons.

on compose :

Premièrement, les gammes majeures du premier degré diatonique *do*, ainsi que de son deuxième radical *fa* et de son deuxième
dérivé *sol* :

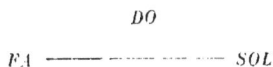

DO

FA ———————————— SOL

Deuxièmement, les gammes mineures du sixième degré diatonique *la*, ainsi que de son deuxième radical *ré* et de son deuxième
dérivé *mi* :

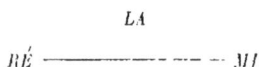

LA

RÉ ———————————— MI

Toutefois, dans ces conditions, les gammes de *ré* et de *mi* ne
sont praticables qu'en *descendant*.

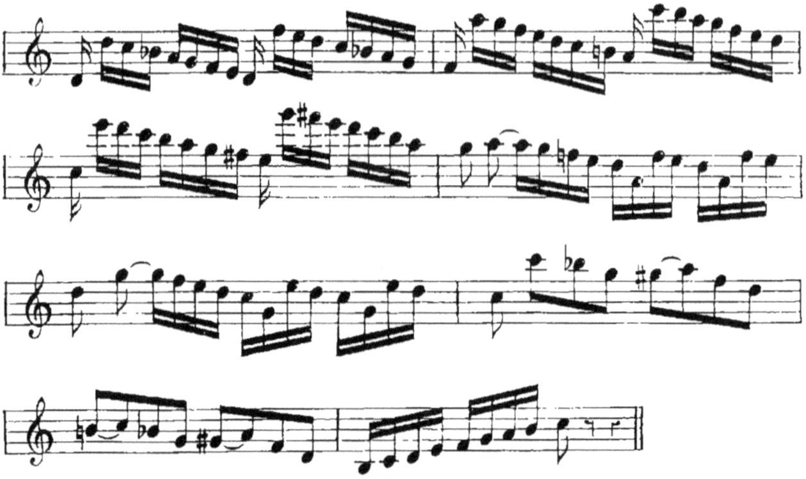

DU MODE MINEUR OU MIXTE.

Notre gamme mineure me semble avoir une origine non moins respectable et tout aussi facile à justifier harmoniquement.

Si l'on groupe les dérivés et les radicaux d'un même son, MI, par exemple, de manière à former une série diatonique,

on obtient sept sons qui, par une simple transposition, donnent une des formes de la gamme mineure ascendante.

Sous cette forme, le caractère du mode est uniquement indiqué par le son DO ♮ ; mais le mouvement résolutif de MI sur LA suffit. surtout s'il est assez rapidement exécuté.

Il n'en serait pas de même, si l'on exécutait la gamme descendante dans cette forme,

Le mouvement descendant LA-MI détermine et substitue le sentiment de la tonalité de MI à celui de la tonalité principale, LA mineur. De plus, avec SOL ♯ et FA ♯, ce mouvement détruit absolument le caractère *mineur,* lequel consiste à marier la tonalité de DO à celle de LA.

Or, FA ♮ est avec SOL ♮ un des éléments caractéristiques naturels, par excellence, de la tonalité de DO :

et il est d'autant plus nécessaire de maintenir ce *FA* ♮ intact, que *SOL* est soumis, ici, à l'influence directe de *MI*, qui, comme dominante du ton à fixer, tend à altérer *SOL*.

Telle est la raison impérieuse qui nous oblige à donner à la gamme mineure descendante un sixième degré mineur *FA* ♮, sur lequel peut, en outre, s'appuyer la tonique, *LA*, pour déterminer le sentiment de sa tonalité relative inférieure : *FA-LA-DO*.

Ce rapport essentiel étant fixé, observé, on comprend qu'il soit possible alors de modifier à volonté le septième degré de la gamme, soit en montant, soit en descendant, de manière à le soumettre à l'influence génératrice de la dominante *MI*, ou du troisième degré diatonique *DO* :

Ainsi s'explique la variété des formes usitées pour la deuxième partie de la gamme mineure.

La nécessité de maintenir ces rapports harmoniques entre *LA* et *DO* nous amène à comprendre que l'accord de *neuvième mineure*

résulte d'une combinaison partielle entre les dérivés naturels de *MI*, dominante de *LA*, et les dérivés naturels de *SOL*, dominante du ton relatif, *DO*, qui caractérise le mode :

combinaison rendue facile, d'ailleurs, par les sons *ré* et *si*, communs aux deux accords de *mi* et de *sol*.

Ainsi, de même que l'accord parfait mineur, *la-do* ♮*-mi*, résulte de la combinaison des tonalités de *la* et de *do*, de même l'accord de neuvième mineure, *mi-sol*♯*-si-ré-fa* ♮, résulte de la combinaison des accords naturels de leurs dominantes respectives *mi* et *sol*, moins le quatrième dérivé de chacune d'elles :

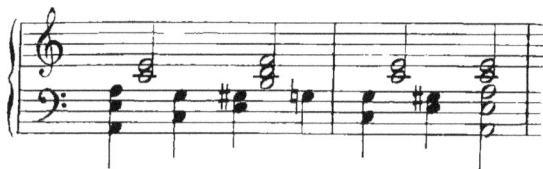

J'ai peu de chose à ajouter aux observations qui précèdent, toutefois cela vaut la peine d'être remarqué.

La partie *moyenne* de la gamme mineure, sous cette forme,

appartient aux gammes naturelles des troisième et sixième degrés diatoniques, *do* et *fa* ♮.

Le *deuxième degré* diatonique *si* ♮ caractérise la tonalité naturelle de *sol*, dominante du troisième degré diatonique *do*; il détruit en même temps le sentiment de la gamme de *fa* ♮, et sert à fixer l'accord essentiel de la dominante *mi*.

Le *septième degré sol* ♯ détruit le sentiment des tonalités de *do* et de *sol* ♮, en caractérisant celui de le tonalité de *mi*.

Le mouvement diatonique de *fa* ♮ à *sol* ♯ s'effectue harmoniquement de la manière suivante :

L'accord naturel de *fa* se conjugue avec celui de *ré* et forme l'accord mixte *ré-fa* ♮*-la*, qui est le complément harmonique de la tonalité naturelle de *sol*; et celle-ci se combine avec la tonalité,

de *mi* à l'aide des sons *ré, si,* communs à ces deux accords naturels :

Si l'on fait usage de la deuxième forme de la gamme mixte ascendante

la partie moyenne appartient principalement aux gammes de la
tierce caractéristique *do* ♮ et du deuxième dérivé constituant *mi*.

Et le sixième degré *fa* ♯, qui détruit le sentiment des gammes
et des accords naturels de *do* et de *fa* ♮, détermine celui de l'accord complémentaire *si-ré* ♮*-fa* ♯. Or *si* est le dérivé constituant

de la tonalité de *mi*, dont *fa* # est le dérivé et le radical superflus :

Les troisième et sixième degrés diatoniques, *do* ♮, *fa* ♮, étant
caractéristiques du mode, on comprend que, sans préparation aucune, il soit possible d'attaquer, au début d'un morceau en *la* mineur, un accord de neuvième sur le quatrième degré diatonique *ré*.

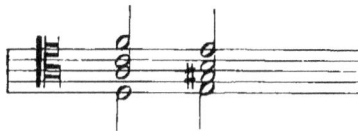

En usant de ce procédé, — qui peut paraître brutal, bien plus
parce qu'il est contraire aux habitudes que parce qu'il porte atteinte
au principe essentiel de l'harmonie, — on associerait les accords
naturels de *ré* et de *fa*, dont les dérivés communs *do*, *la*, caracté-
risent précisément le mode mineur de *la*.

Remarquons que l'accord parfait mineur — *la-do* ♮-*mi*, par
exemple — est le complément harmonique de l'accord naturel du
quatrième degré diatonique, *ré*, de cette gamme :

En résumé, les sons de la gamme mineure descendante, c'est-à-dire naturelle, résultent d'une série harmonique continue, commençant par le deuxième degré diatonique, *si* :

Avant de parler de la gamme chromatique, jetons un simple coup d'œil sur une curiosité très-bizarre en apparence, qui fait partie de la gamme mineure pratiquée, du moins en descendant, par les Arabes, et dont je ne craindrais pas de reporter l'origine au siècle de Périclès.

Il s'agit d'un mode en *mi*, ayant pour deuxième degré diatonique *fa* naturel :

Gamme complète.

En traitant harmoniquement cette gamme, considérée comme thème mélodique, on arrive à l'emploi d'un accord pénultième de dominante, *si-fa* ♮-*ré* ♯, ayant une quinte mineure :

Il est logique que le son *fa* ♮ se présente à l'oreille, puisqu'il est, conjointement avec *si* ♮, un dérivé naturel de *sol*, et que *sol* est en même temps que *mi*, un radical de *si*.

Nous sommes absolument maîtres d'adopter l'usage de cette

gamme, ou, pour parler avec plus de précision, l'usage de cette
cadence. C'est une manière de procéder qui intéresse la forme, mais
ne touche pas au fond des choses, au principe.

Je crois que les Arabes pratiquent une gamme, un ton, un mode,
d'après la méthode suivie dans l'antiquité, c'est-à-dire que la gamme
est, pour eux, une échelle composée de dix sons, par exemple,
insérés dans les limites d'une octave; qu'ils emploient ces dix sons
à l'expression mélodique, et que cette mélodie peut être accompagnée harmoniquement d'un ou plusieurs sons inspirés par un goût
plus ou moins recommandable.

Quant à nous, il faut le reconnaître, nous nous sommes per-
suadé que notre gamme mineure était de huit sons, octave comprise, tandis qu'elle se compose, en réalité, de dix sons, puisque
les sixième et septième degrés diatoniques de cette gamme ont,
chacun, deux valeurs, c'est-à-dire qu'ils sont tantôt à intervalle
majeur, tantôt à intervalle mineur de la tonique :

Sous ce rapport, nous sommes donc encore un peu Carthagi-
nois, c'est incontestable.

S'il m'est permis de dire, à ce propos, toute ma pensée, je crois
qu'à l'exemple de M. Jourdain nous faisons tous les jours, sans
nous en douter, de l'*enharmonie*, comme les Athéniens du temps
d'Eschyle. Seulement nous donnons à ce mot, aujourd'hui, une
signification qui diffère absolument de celle que les Grecs lui attri-
buaient autrefois.

La gamme enharmonique notée sur le monocorde était une
série de sons qui, employés d'une certaine manière dans la mélodie, faisaient naître le sentiment de deux modes distincts :

Voici, dans l'étendue d'un tétracorde *do-sol*, ce que je crois être une formule enharmonique des anciens.

Les deux premiers ou derniers sons, *do*, *si* ♮, appartiennent à un mode, — l'ionien ou le phrygien, par exemple, — et les deux sons, *sol*, *la* ♭, font partie de deux autres modes ou tétracordes réguliers transposés :

La formule mélodique *do-si* ♮, *sol-la* ♭, *si* ♮-*do* participe donc à la fois de ces deux ou quatre tétracordes réguliers : il était rationnel de lui donner la dénomination spéciale de formule, manière ou *genre enharmonique*, c'est-à-dire genre en dehors de l'harmonie naturelle, ou bien emprunté à différents tétracordes, heptacordes, échelles ou modes :

Mode ionien.   Mode phrygien transposé.   Genre enharmonique.

Nous avons respecté le mot, mais, grâce aux transformations qui se sont opérées dans l'art d'accompagner le chant, ce mot a perdu sa signification primitive, et n'est employé aujourd'hui que dans le sens le plus restreint.

Ainsi, ayant cette même formule mélodique, et pouvant lui appliquer deux accords d'accompagnement, appartenant à deux gammes qui diffèrent entre elles uniquement par la manière d'interpréter le son *la* ♭,

nous avons dit et nous continuons à dire qu'il y a enharmonie quand
on substitue *sol* ♯ à *la* ♭.

J'émets très-humblement cette opinion. Il peut se faire qu'elle
paraisse faiblement justifiée ici; néanmoins je persiste à la croire
bien fondée et tout à fait digne d'être soutenue avec plus d'autorité.

DE LA GAMME CHROMATIQUE.

Le jour où un musicien eut le vague sentiment de certains rapports harmoniques encore inusités. le luth champêtre se transforma en harpe éolienne, et la gamme chromatique s'éleva bientôt dans les airs avec le chant de l'alouette.

Comment notre organisme peut-il accepter qu'un son *la* ♭, par exemple, succède sans intermédiaire à un autre son *sol*, auquel il n'est attaché par aucun lien naturel apparent?

Ce lien non-apparent. mais non pas unique, est tout d'abord *mi* ♭.

qui, étant à la fois tierce majeure inférieure, — c'est-à-dire consonnance génératrice ou premier radical, — de *sol*, et quinte supérieure, — c'est-à-dire consonnance harmonique ou deuxième dérivé, — de *la* ♭, peut facilement être sous-entendu et servir ainsi de rapport commun entre les sons donnés, dont la succession s'opère alors en vertu d'une cadence régulière supposée.

Mais l'intermédiaire de transition est tout aussi bien *ré* ou *fa* que *la* ♭; car les sons *ré*, *fa*, appartenant à la fois et à l'échelle harmonique de *sol* et à l'échelle harmonique de *si* ♭. — dont *la* ♭ est le troisième dérivé. —

permettent de conjuguer instinctivement les deux accords; puis,

6

par une réduction de l'octave, l'intervalle de neuvième mineure
sol-la ♭ se convertit en intervalle chromatique.

Si nous substituons *sol* ♯ à *la* ♭, l'explication du mouvement
chromatique *sol* ♮-*sol* ♯ subira une variante; mais entre les deux
manières de procéder l'analogie est parfaite, c'est-à-dire que *sol* ♯
est toujours déterminé par un rapport harmonique entre l'un, au
moins, des sons du premier accord, et l'un des sons de l'accord
naturel dont *sol* ♯ fait partie.

Ainsi, en donnant à *sol* ♯ pour radical effectif *mi* ♮, le rapport
harmonique des deux accords a indubitablement pour cause la com-
munauté des dérivés *si* et *ré*, qui appartiennent à l'une et à l'autre
échelle.

C'est par ce procédé, et en vertu des perfectionnements successifs apportés par l'habitude dans le jeu de nos organes et de nos
facultés, que nous parvenons à concevoir, former et accepter des
combinaisons harmoniques spéciales qui sont bien notre œuvre,
mais dont les éléments primitifs sont fournis par la nature.

Est-il besoin de faire observer que les intermédiaires de transition dont je viens de parler ne sont pas les seuls qui concourent
au développement de la gamme chromatique?

Examinons avec attention une série d'accords parfaits renversés
qui se succèdent chromatiquement :

Nous remarquerons :

1° Que, de *sol*, on passe à ses deux premiers radicaux *mi* ♭ et *do*, lesquels sont symétriquement les deux premiers dérivés de *la* ♭;

2° Que, de *la* ♭, équivalent de *sol* ♯, on passe à ses radicaux *mi* ♮ et *do* ♯, qui sont les dérivés constituants de la gamme de *la* ♮;

3° Que, de *la* ♮, on passe à ses radicaux *fa* et *ré*, qui sont en même temps deux harmoniques essentiels de *si* ♭.

Et de même pour chacun des autres intervalles de la série.

mi ♭ et *do*, tous les deux radicaux de *sol*, fonctionnent donc comme intermédiaires harmoniques entre *sol* et *la* ♭; puis *mi* ♮ et *do* ♯, qui sont tous les deux radicaux de *sol* ♯, — équivalent de *la* ♭, — servent de la même manière à opérer le mouvement chromatique de *la* ♭ à *la* ♮ . . . . . .

D'un autre côté, *sol* étant pris pour premier terme d'une gamme chromatique, et considéré comme dérivé de *mi* ♭, nous sommes sollicités à faire une cadence résolutive aussi bien en *la* ♭ mineur qu'en *la* ♭ majeur; car la cadence en *la* ♭ mineur donne un nouveau point d'appui radical, *do* ♭, à l'intermédiaire de transition *mi* ♭ :

6.

Dans l'un et l'autre cas, *mi* ♭, élément principal du premier accord, permet, en sa qualité de dérivé de *la* ♭ et de *fa*, de concevoir ce dernier son, au-dessus duquel *la* ♮ vient ensuite se greffer comme tierce harmonique.

Ce troisième accord détermine une cadence en *si* ♭, quinte génératrice de *fa*.

De même, *fa*, élément principal et constituant du quatrième accord, nous permet, en sa qualité de dérivé de *si* ♭ et de *sol*, de concevoir ce dernier radical, au-dessus duquel *si* ♮ vient encore se greffer comme tierce caractéristique.

Ce cinquième accord fait naître le sentiment d'une cadence résolutive en *do* . . . .

Et ainsi de suite.

On verrait encore que le premier mouvement de cette gamme chromatique peut s'opérer à l'aide des intermédiaires *do*, *la* ou *fa*, qui sont en rapport de quinte, septième et neuvième inférieures avec *sol*, leur dérivé harmonique respectif, et qu'ils donnent lieu à une transition particulière correspondante.

En effet, *do* est le lien, le trait d'union harmonique principal entre les accords naturels de *la* ♭ et de *do*; puis *sol*, considéré comme septième diatonique de la gamme de *la* ♭, prédispose l'oreille à la perception de son radical *mi* ♭ qui détermine l'intervalle constituant par excellence de l'accord parfait de *la* ♭.

D'autre part, l'échelle harmonique de *la* ♭ est liée à celle de
ré ♮ par *do* et par *fa* ♯, équivalent de *sol* ♭ :

J'ai dit que le son *la* ♮ peut aussi servir d'intermédiaire con-
jonctif entre les deux premiers accords ; rien de plus facile à comprendre : *la* est à la fois radical et dérivé de *sol* ; puis son premier
dérivé *do* ♯ est constitué harmoniquement de la même manière
avec *si* ; par conséquent la série chromatique doit pouvoir se développer dans ce système d'accords successifs :

sol ♮, équivalent de fa ♯♯, simule, — avec do ♯, tierce harmonique du premier accord, et ré ♯, radical fictif, — une cadence passagère en sol ♯, qui, imparfaitement résolue, se convertit en cadence sur do ♮.

la ♮, équivalent de sol ♯♯, figure également, — avec ré ♯ du troisième accord et mi ♯ comme radical supposé, — une cadence, passagère en la ♯, qui, au lieu de se résoudre suivant la nature, se transforme pour réaliser une cadence sur ré, etc. etc. . . . .

Cette étude rapide est très-incomplète, sans doute: néanmoins elle me paraît suffire.

En suivant le même procédé d'analyse, on peut justifier toutes les combinaisons possibles. Je ne crois donc pas nécessaire de poursuivre, en l'approfondissant, un travail dont le lecteur peut très-bien accepter la tâche, s'il y trouve quelque intérêt. Je me bornerai à placer sous ses yeux, sans commentaires d'aucune sorte, un certain nombre de gammes chromatiques, complètes ou simplement ébauchées.

Du reste, c'est au jeune harmoniste d'acquérir l'habitude de ces conceptions à l'aide desquelles, devenu compositeur et maître, il trouvera, sans les chercher et sans en avoir conscience, les inspirations les plus volatilisées. Qu'il tienne pour certain, en attendant, que, si l'inspiration était absolument indépendante des fonctions de l'organe auditif, l'œuvre du musicien ne serait pas de beaucoup supérieure au tableau que pourrait peindre un aveugle.

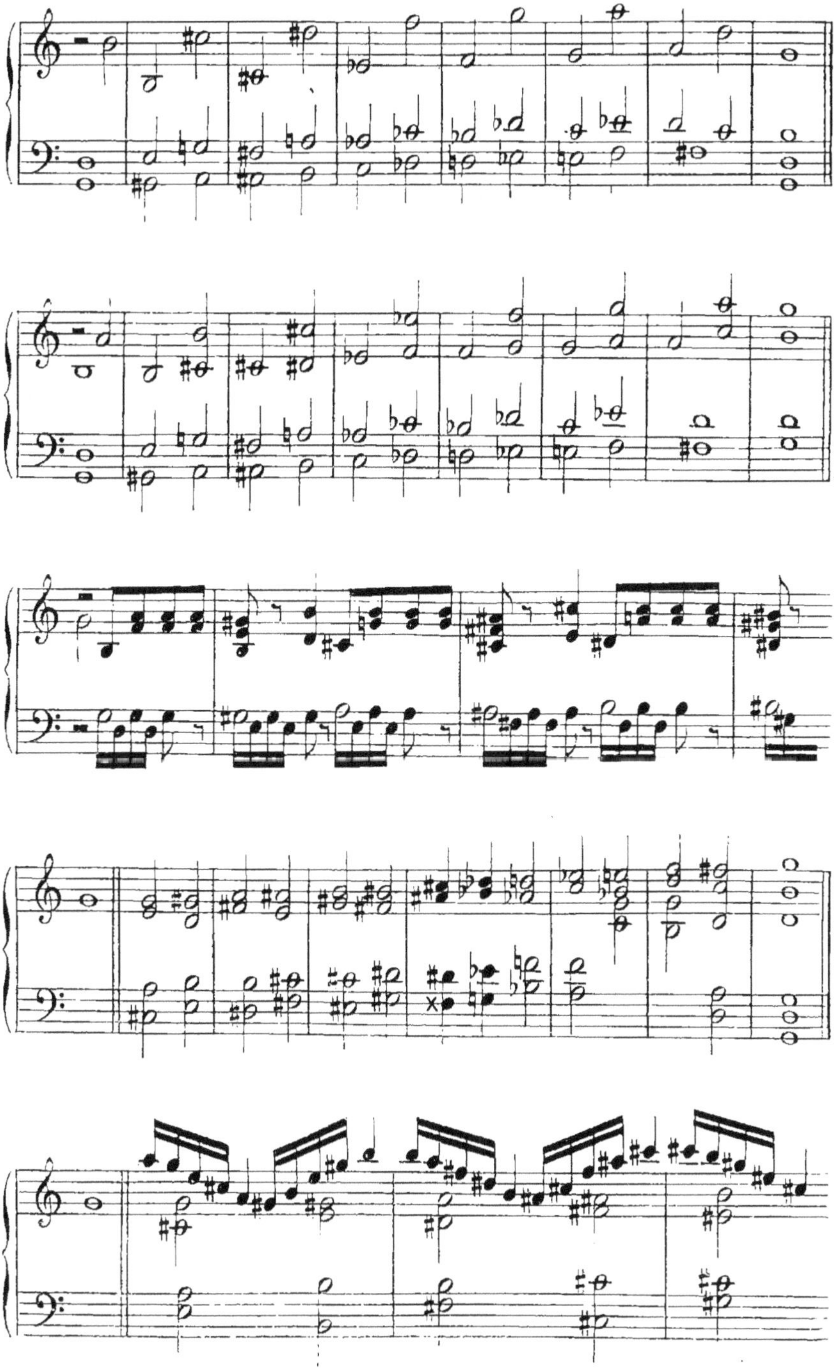

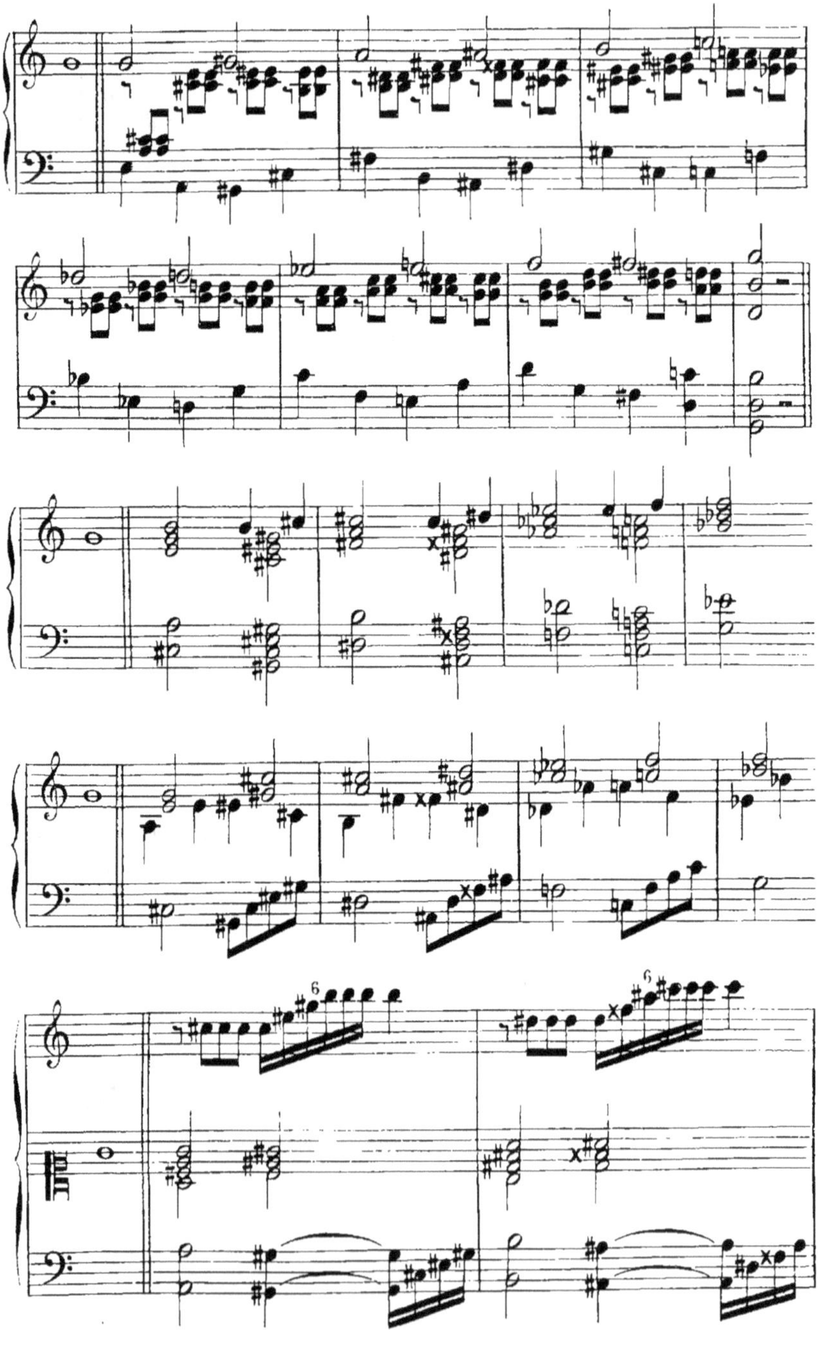

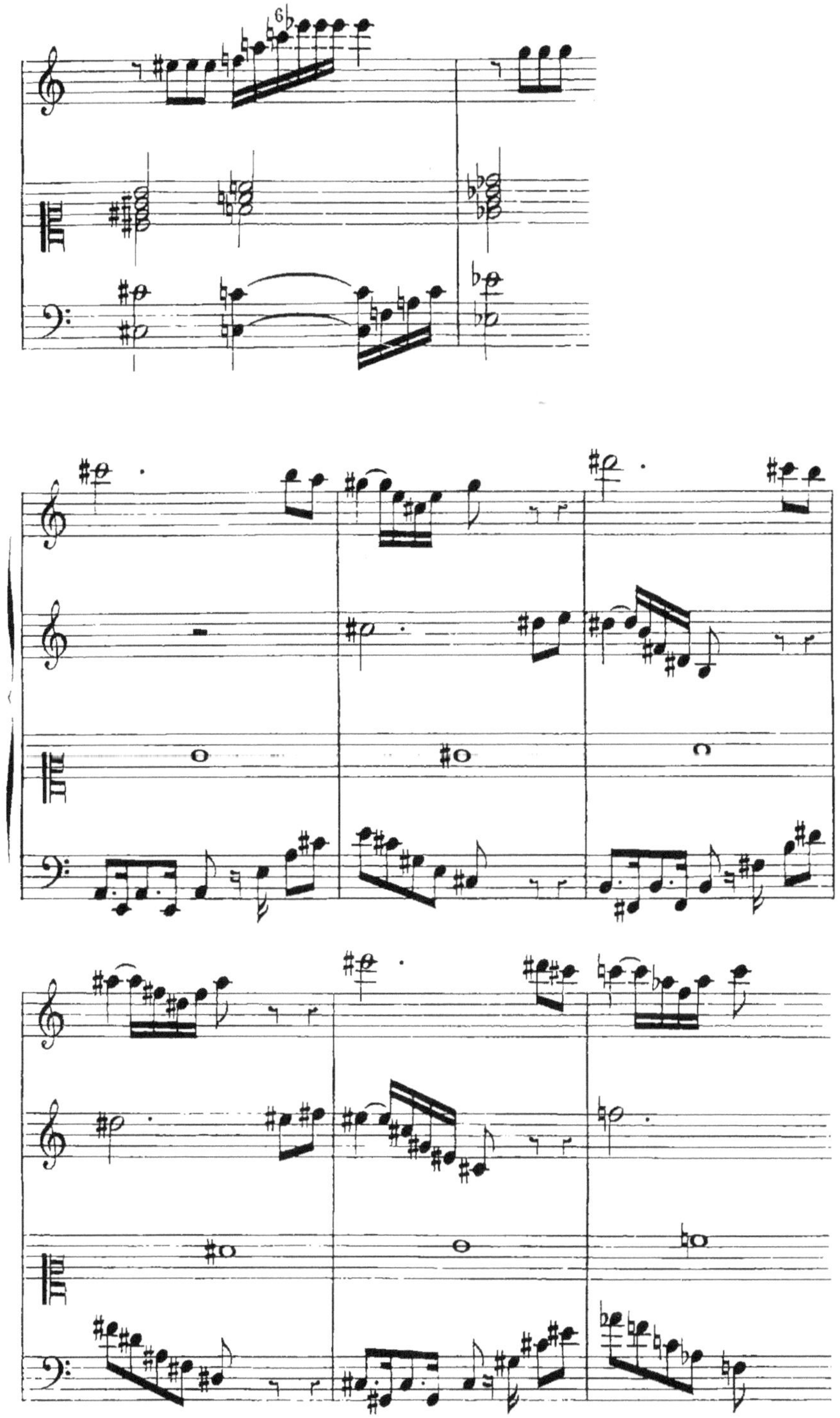

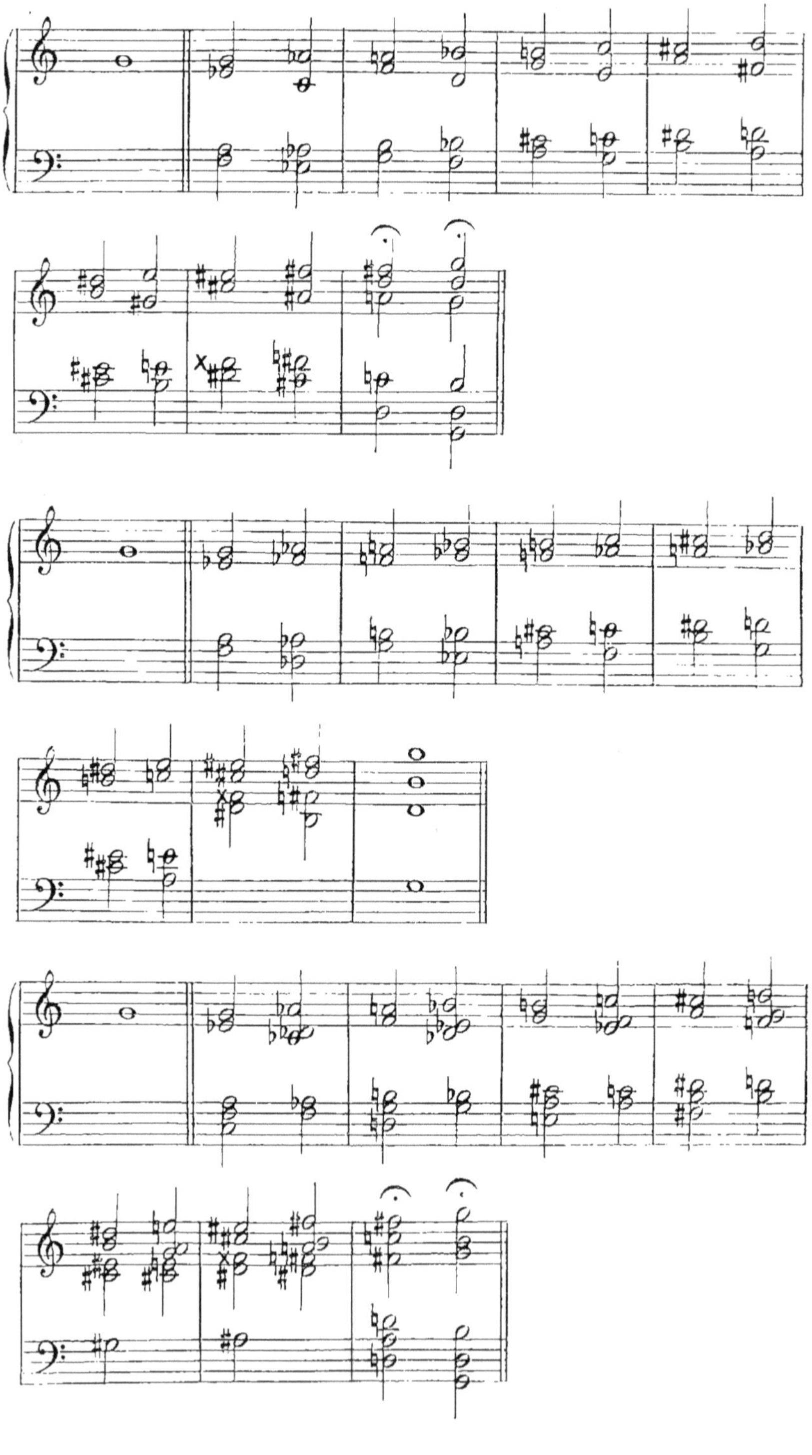

Je n'ai pas cru devoir traiter spécialement de la gamme chromatique descendante. On comprend que ce serait là un soin superflu. à l'occasion duquel se reproduiraient nécessairement les explications qui précèdent :

On remarquera que la gamme chromatique descendante peut donner lieu à l'emploi direct d'un accord pénultième de dominante, avec quinte *faible*, SOL-RÉ♭-FA-SI♮, et que le son FA est le nœud harmonique, le dérivé à l'aide duquel s'opère la conjonction des résonnances naturelles de MI♭, de SOL♮, de SI♭ et de RÉ♭ qui engendrent cet accord mixte :

DES APPOGGIATURES.

L'appoggiature est un fragment harmonique détaché directement ou indirectement du son qu'elle accompagne.

C'est une partie — simple note ou *gruppetto* — soit du son ainsi
paré, orné, embelli, agrémenté :

soit de l'un des dérivés de ce même son :

ou bien de l'un de ses radicaux :

ou encore de l'accord naturel dont un de ses dérivés fait partie :

ou, enfin, l'appoggiature a pour radical un dérivé d'un dérivé du
son principal :

Or un musicien, praticien exercé, parvient à isoler par la pensée chacun des sons dont se compose un accord, de manière à concevoir au-dessus de ce son, ainsi isolé, tout ou partie de ses dérivés; et, comme il conserve, malgré cela, le sentiment de l'accord fondamental, le goût inspire au compositeur un choix d'intervalles en conséquence :

APPOGGIATURES SIMPLES. — MODE MAJEUR.

Ainsi la première appoggiature ci-dessus a pour radical principal *RÉ*, qui est un dérivé non-seulement de *SOL*, mais aussi de *MI* et de *DO* :

La deuxième appoggiature est dérivée de *SI* et de *SOL* :

SOL est le radical direct de la troisième appoggiature :

En décomposant de même les appoggiatures sur un accord naturel de neuvième.

on voit que les basses fictives. RÉ, FA ♯, LA, DO, MI, sont des dérivés de la quinte de SOL :

Certes, bien que ces dérivés ne frappent pas l'oreille du compositeur, on ne peut nier qu'ils ne lui soient instinctivement révélés.
L'imagination s'en empare aussitôt; puis, étendant la main vers les
sommités fleuries de chaque dérivé fictif, cette muse en détache
un groupe qu'elle effeuille, et dont le parfum se répand au loin.

APPOGGIATURES DOUBLES. — MODE MAJEUR.

Par suite, on comprend que les radicaux des appoggiatures
doubles soient harmoniquement combinés.

En effet, la première de ces appoggiatures doubles

a un radical exprimé, SOL, et deux radicaux fictifs, RÉ et SI :

Les radicaux de la deuxième appoggiature

sont également : *si* pour *ré* ♯, et *sol* pour les trois autres sons :
or *si* a pour radicaux directs *sol* et *mi*, qui sont engendrés simultanément par *do* :

L'appoggiature double

a pour radical direct *la*, et, pour radical indirect, son dérivé essentiel, *mi* :

Toutefois les sons *mi*, *sol*, ont en même temps pour radical
do ♮, dérivé essentiel de *fa* ♮ :

Maintenant, étant donné l'appoggiature

soit isolée, soit accompagnée d'un ou plusieurs sons, peu importe,
c'est évidemment *la*, quatrième dérivé de *sol*, qui en est le générateur immédiat, c'est-à-dire le son à l'aide duquel s'opère naturellement la cadence imaginaire *la-ré*.

Poursuivons : les radicaux de l'appoggiature double

sont directs et au nombre de trois, savoir : *LA* pour *DO* ♯-*MI*, *FA* ♯ pour *LA* ♯-*DO* ♯. *RÉ* pour *DO* ♮-*MI*.

Mêmes radicaux pour l'appoggiature triple,

Enfin, les radicaux de l'appoggiature qui clôt la série,

sont : *RÉ* pour *FA* ♯-*LA* ♮-*DO* ♮, et *FA* ♯ pour *FA* ♯-*LA* ♯.

APPOGGIATURES DOUBLES. —— MODE MINEUR.

Il en est de même des notes d'agrément pratiquées en mode mi-

neur; leurs sources harmoniques ne sont ni moins réelles, ni plus
difficiles à découvrir. Soumettons quelques-unes d'entre elles à
notre procédé d'analyse raisonnée.

L'appoggiature double

a pour radical direct *mi*, et pour radicaux fictifs *si* et *sol* ♮; et ces
deux derniers sons, qui dérivent au même degré de *mi* et de *do*,
sont, en outre, dérivés extrêmes de *la* :

De même, les radicaux de l'appoggiature double

sont *mi* et *sol* ♮, dérivés semblables de *la* et de *do* ♮ :

L'appoggiature double sur l'accord de *neuvième mineure*

résulte du sentiment harmonique des cadences *LA–RÉ* et *DO* ♮*–FA* ♭, phénomène très-simple, puisque *LA* et *DO* ♮ dérivent de *SI, RÉ, FA* ♮ :

Que ces trois sons de l'accord, *SI, RÉ, FA* ♮, soient articulés ou qu'ils ne le soient pas, cela importe peu à l'oreille du musicien, qui peut toujours imaginer le radical ou le dérivé naturel d'un son donné :

Cette appoggiature prend donc bien sa source dans le sentiment des deux accords naturels de *LA* et de *DO* ♮, mais, d'une manière plus directe, dans le sentiment du premier; ce qui prouve, une fois de plus, que l'éducation musicale ajoute singulièrement à l'étendue de nos facultés.

L'appoggiature double ci-après, qui agrémente les deuxième et quatrième degrés diatoniques, *si*, *ré*,

a deux radicaux de même souche, *ré* ♮ et *fa* ♯ :

On sait, d'ailleurs, que *fa* ♯, dérivé superflu de *mi*, a pour radical chacun des sons *mi*, *sol* ♯, *si*, *ré*, *fa* ♯.

Les radicaux de l'appoggiature

sont :

1° *ré* ♯, dérivé constituant de *sol* ♯ exprimé :

2° *fa* ♯, dérivé essentiel de *si* exprimé :

3° Et *ré* ♮ pour la deuxième partie de l'appoggiature :

L'appoggiature double sur les deux premiers sons, *mi* et *sol* ♯,

est empruntée à la résonnance harmonique de *ré* et de *si*, et principalement à celle de ce dernier son, qui est la quinte constituante
de l'accord naturel de *mi* :

Mais pourquoi recourir à des procédés analytiques fort éloignés
de l'art proprement dit, quand il est si facile de donner, sous une
forme parfaitement praticable, d'ailleurs, des appoggiatures telles
que celles-ci :

Donc, tout en continuant de voir dans cet ornement gracieux un
caprice, une fantaisie élégante, il faut bien se décider à lui donner
une attache harmonique réelle. Dire que toute note — *sol* — est

entourée de quatre intervalles, — FA, LA♭, FA♯, LA♮, — qui sont autant de frivolités à la disposition du compositeur, lorsqu'il lui plaît de draper la mélodie dans une sorte de tunique brodée, c'est faire un petit tableau qui est très-suffisant, je le veux bien, pour l'imagination d'un artiste, mais qui a l'inconvénient de cacher aux regards de l'écolier les formes pures de l'austère Vérité.

DE LA MÉLODIE.

L'étude que nous venons de faire sur les appoggiatures nous amène tout naturellement à parler de la mélodie, et à comprendre qu'elle n'est autre chose qu'un dessin fait avec les dérivés successifs, une guirlande brodée sur un canevas harmonique dont le tissu ne frappe pas nos sens, mais qui n'en est pas moins une réalité, un fait exerçant une action réelle sur notre imagination.

Ainsi, ce fragment de mélodie, cette *pensée* musicale,

qui semble si complétement dégagée de tout lien harmonique, est et ne peut être autre chose que l'ensemble de quatre points, *DO*, *RÉ* ♯, *FA* ♮, *MI*, qui se rattachent les uns aux autres par des sons communs, tels que *SOL* et *SI* :

SOL est le dérivé de *DO*; puis, le radical de *FA* et de *SI*, dont *RÉ* ♯ est le dérivé caractéristique.

Il s'ensuit que la conception de l'intervalle *RÉ* ♯, si antipathique, en apparence, à la tonalité de *DO* ♮, a sa légitime raison d'être et son explication logique. C'est une manifestation vague d'un phénomène acoustique très-clair; c'est la loi, mais non la dure loi.

Et cela est si vrai, que l'oreille de celui qui entend cette phrase musicale, si incohérente de prime abord, l'accepte parfaitement, et que son imagination lui attribue aussitôt un sens intime que chacun traduit un peu à sa fantaisie : celui-ci, par un désir; celui-là,

par une plainte; cet autre, par un sentiment quelconque répondant
à une situation particulière du drame que son esprit imagine.

On ne supposera pas, je me plais à le croire, que j'aie la folie de
prétendre qu'il en est du discours musical comme du récit de Thé-
ramène, et, surtout, que le langage musical ait la précision d'une
formule algébrique. L'algèbre est une science, la musique est un art.
Je ne tomberai pas dans l'erreur commise par des hommes certainement très-érudits, mais qui ont fait fausse route en cherchant à expliquer par des formules très-savantes ce que des enfants qui ne
savent pas lire comprennent parfois à merveille, puisqu'ils chantent
et qu'ils dansent des rondes qui font la joie des vieillards.

Les millions de pages qui, depuis deux ou trois siècles, ont été
maculées de notes et de portées musicales, ne sont pas toutes
l'œuvre exclusive de mélomanes convaincus; de même qu'il n'est
pas rare de rencontrer des peintres qui possèdent une grande habileté de main, sans avoir le don ou le mérite de se laisser aller à
l'émotion, qui, seule, fait le véritable artiste.

Eh! celui qui écrit ces lignes est-il, lui-même, autre chose qu'un
chercheur de vérités? Souffrez donc qu'il interroge toutes les hy-
pothèses, même les plus ingénues, qui peuvent le guider dans ces
recherches aventureuses.

Fille de l'amour maternel, la Mélodie fut bercée dans son enfance
par ce premier chant :

Plus tard, un pâtre, subissant le charme des attraits de la jeune
vierge, en fit sa compagne, et de cette union naquit l'Harmonie :

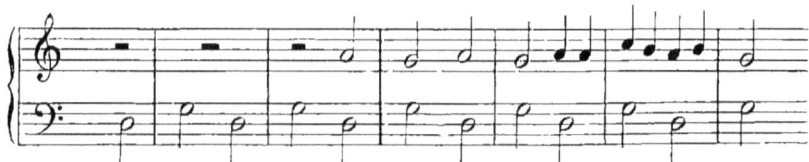

L'harmonie se développa, grandit à son tour, puis enfanta les premières lyres.

Et la première lyre à quatre cordes, brisée par les ravageurs d'Attila dans les temples de la Grèce, — peut-être bien entre les bras de la Vénus de Milo [1], — reparut au moyen âge dans les cathédrales, sous la forme de cloches qui carillonnent, encore de nos jours, aux grandes fêtes du catholicisme :

On définit volontiers la mélodie : une série de sons musicaux articulés les uns à la suite des autres ; et l'harmonie : l'effet produit par plusieurs sons articulés ensemble ou résultant de plusieurs accords qui se succèdent.

C'est insuffisant.

Il serait plus simple et plus exact de dire que la mélodie résulte de sons *successifs* qui, produits simultanément, forment des groupes harmoniques.

En effet, le rhythme appliqué à la mélodie détermine des cadences ou points d'appui qui ne sont autre chose que des éléments d'harmonie disséminés, des germes harmoniques épars. La mélodie est, pour ainsi dire, de l'*harmonie diffuse*.

D'un autre côté, deux accords dissemblables qui se succèdent déterminent au moins une transition, ce que nous appelons, au figuré, un *mouvement*. Et ce mouvement n'est autre chose que le premier pas de la Mélodie.

En réalité, on a pris l'habitude de donner le nom d'harmonie à un ensemble de sons ou à des accords successifs, généralement de même durée, abstraction faite de tout rhythme, et dont les mouvements esquissent une mélodie innommée parce qu'elle reste à l'état embryonnaire. Mais, tout en ayant raison d'établir une distinction entre une chose informe, sans consistance ni saillie, et un

[1] Cette jeune femme ne jouait-elle pas de la lyre ?

bon dessin bien en relief, on a eu le tort de perdre de vue le point de départ et de se persuader que l'art musical reposait sur *deux* principes qui diffèrent essentiellement l'un de l'autre, savoir : l'Harmonie et la Mélodie.

Il est temps de rectifier cette erreur. Disons donc :

Toute suite d'accords esquisse une ou plusieurs mélodies rudimentaires. Celles-ci puisent ainsi, directement ou indirectement, dans l'Harmonie, tous leurs éléments, quels qu'ils soient.

Le goût, en musique, ne peut pas être placé en dehors du sentiment harmonique; il ne peut pas se soustraire à son influence sans cesser d'être ce qu'il doit être absolument, c'est-à-dire musical. Par conséquent, le goût qui orne une mélodie procède du sentiment harmonique qui lui donne naissance ou dont il est l'expression diffuse, et par lequel seul, en définitive, il peut et doit être expliqué.

On sait, de reste, qu'il n'est nullement nécessaire de préparer l'oreille à ces sortes de conjonctions, si bizarres en apparence, auxquelles on donne le nom élégant *d'appoggiatures*, et qui, toutes, dérivent régulièrement de sources harmoniques diverses, comme je me suis efforcé de le démontrer dans le chapitre précédent.

Comment se fait-il que, dans un concerto, l'oreille tolère, entre le soliste et l'orchestre, des dissonances qu'elle ne peut supporter dans d'autres conditions, par exemple dans un choral?

Ainsi, tandis que le soliste, — instrumentiste ou chanteur, — emploie, soit à l'aigu, soit au médium, soit au grave, toutes les appoggiatures imaginables, l'orchestre peut, sans que nous en soyons choqués, faire entendre en même temps des sons qui produisent avec la partie principale des dissonances énormes.

C'est vraisemblablement parce que notre attention se porte de préférence sur la mélodie, dont les détails fins et minutieux la sé-

duisent, tout au moins l'occupent assez pour ne la laisser jouir
qu'automatiquement de l'harmonie d'ensemble :

La succession rapide des sons qui composent une mélodie n'empêche pas l'oreille de percevoir toutes les dissonances qui peuvent
en résulter, au point de vue de l'accompagnement; mais ces dissonances, ces rencontres, ces heurts, se succèdent avec trop de rapidité pour permettre à l'auditeur de distinguer autre chose que les
points saillants, les rapports harmoniques principaux, bien définis,
spécialement exprimés par les accords mêmes.

Constatons, à ce sujet, une lacune dans l'enseignement.

Si, contrairement à ce que l'on s'est figuré jusqu'ici, la mélodie
n'est autre chose qu'une suite de sons reliés entre eux par une
attache harmonique, elle est, par cela même, susceptible d'analyse; elle doit pouvoir être l'objet d'une étude réelle, suivie et profitable. Je dirai plus, c'est un cours de rhétorique indispensable à
créer dans les conservatoires et à faire suivre parallèlement aux
études spéciales à l'enchaînement des accords; non que je croie
nécessaire d'y consacrer beaucoup de temps, mais au moins une
attention assez approfondie. L'expérience m'a démontré qu'un élève
gagne, par là, une assurance qui peut lui faire faire des pas de
géant, sans lui donner, ainsi qu'on serait tenté de le croire, le goût
du grotesque accouplé à la science folle, — maladie dont ne sont
pas toujours préservés, d'ailleurs, les écoliers nourris du pain sacré
des saines traditions.

Pour rendre ma pensée plus intelligible et faire voir qu'elle est
facilement praticable, même au tableau, je placerai sous les yeux
du lecteur un spécimen d'analyse mélodique, ou, plus rigoureuse-

ment, d'analyse harmonique d'une Mélodie. Le Chant se trouve
reproduit sur la deuxième portée; puis chacun des sons de cette
Mélodie est suivi d'un de ses dérivés ou radicaux naturels : Tierce
majeure, — Quinte, — Septième mineure, — Neuvième majeure,
— et Octave, bien entendu.

Par conséquent, tous les sons de la Mélodie, *tous* sans exception,
se trouvent conjugués entre eux par une attache harmonique naturelle : d'où il suit que cette Mélodie est un produit harmonique
disposé avec un art aussi merveilleux que l'on voudra, mais soumis à une loi générale d'une frappante évidence.

LA TRAVIATA.

Analyse rudimentaire d'un motif de cette partition.

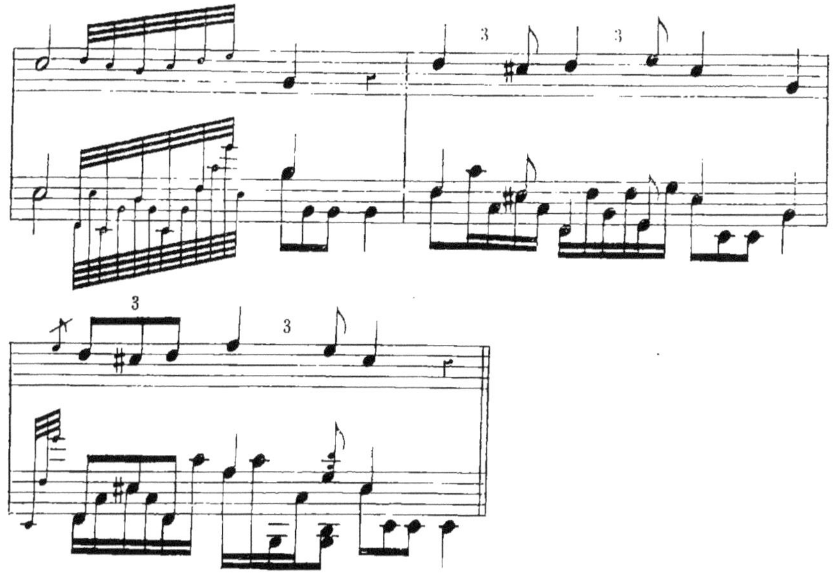

DES ACCORDS MIXTES

OU

COMPOSÉS DE PLUSIEURS ACCORDS NATURELS.

Analyser les accords mixtes, c'est les définir.

Le rapport harmonique existant entre deux sons peut, dans beaucoup de cas, être contrarié par d'autres sons dont l'oreille est simultanément frappée; mais la valeur absolue de ce rapport n'en persiste pas moins.

Ainsi, dans cet accord de trois sons

les intervalles *do-sol*, *sol-ré*, *ré-do*, sont toujours caractéristiques des accords naturels de *do*, de *sol* et de *ré*; il dépend donc de la volonté à peu près absolue du compositeur que l'une de ces tonalités devienne principale ou accessoire, c'est-à-dire que le sentiment de l'un de ces accords soit maintenu

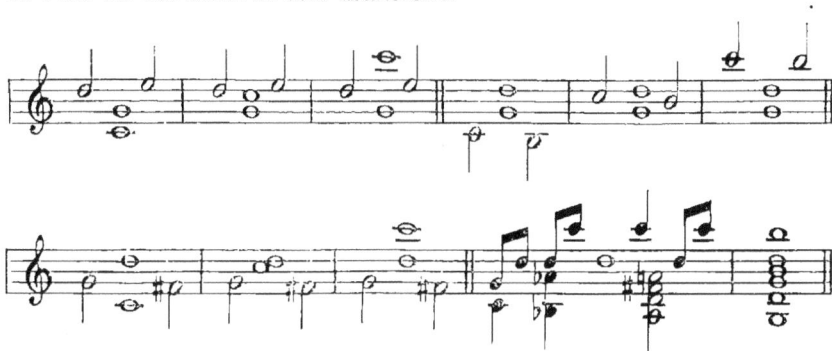

ou disparaisse complétement à l'aide d'une transformation résul-

tant, par exemple, de la combinaison des accords naturels de *do*
et de *sol* avec l'accord naturel de *mi* ♮ ou de *mi* ♭, — par le son
réel *ré*, commun aux trois accords, et le son supposé *si* ♮, commun
aux accords naturels de *sol* et de *mi* ♮, s'il s'agit d'une transition
immédiate en *mi* ♮, considérée comme dominante; et, dans le cas
d'une transition en *mi* ♭, par le son réel *sol*, commun aux trois tonalités de *do*, de *sol* et de *mi* ♭, puis encore par *ré* en sa qualité de
premier dérivé de *si* ♭, son commun aux accords naturels de *mi* ♭
et de *do*. . . . .

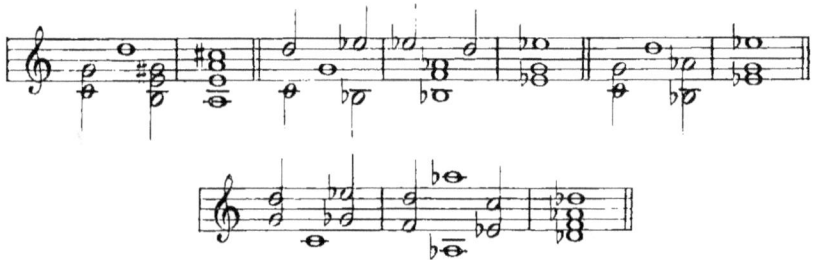

EXEMPLE I.

Dans l'accord de neuvième mineure de la dominante avec ce que
l'on désigne, très-singulièrement quelquefois, par l'expression peu
justifiée de *retard* de la tierce par la tonique *prolongée*,

je vois l'accord naturel tronqué *si-la*, qui effectue une évolution
régulière au deuxième temps fort, où il laisse persister la combinaison des accords naturels de *mi* et de *sol* ♮, lesquels sont conjugués par deux sons communs, *ré*, *si*.

En majeur, ce même accord de neuvième mineure de la dominante se justifie ainsi :

fa ♮ est engendré par *sol* ♮, quatrième dérivé de *la*.

si est le rapport commun qui conjugue les accords naturels de
la, de *do* ♯, de *mi* et de *sol* ♮.

EXEMPLE II.

On explique volontiers l'accord de *quinte et sixte* sur le quatrième degré, en disant qu'il résulte d'une prolongation de la tonique. Mais voyez l'inconséquence !

Un certain Felice Anerio s'est permis d'écrire ceci, en 1586 :

et, fréquemment, cet autre accord dissonant, sans préparation
aucune :

Pour attaquer un accord de quinte et sixte contre les règles et
usages consacrés au xvi° siècle, il fallait vraiment que ce moine eût
le diable au corps. Il fallait que, sans se préoccuper du *qu'en dira-
t-on*, le saint homme osât révéler ce que l'instinct malicieux lui
disait tout bas à l'oreille.

sol, quatrième dérivé naturel de *la*, s'est offert de lui-même à

10

l'inspiration. Mais l'accord de dominante *la–do♯–mi*, appelant une
résolution, la tonique *ré* s'est présentée en même temps que *sol*
à l'oreille du bénédictin, tout surpris de cette conjonction bizarre.
De là, un accord moitié chair, moitié poisson, ou, si vous préférez,
moitié maintenu, moitié résolu. Au demeurant, une irrésolution
qui exprimait, sans doute, fort bien le sentiment dont son humble
auteur était pénétré, puisque l'accord fut maintenu, quoique en-
taché d'hérésie.

EXEMPLE III.

Le mouvement ascendant ou descendant d'un son *altéré* n'est
qu'un cas particulier érigé, à tort, en principe. Cette altération
établit simplement un rapport nouveau, dont l'artiste est libre de
faire l'usage qui lui convient, sans avoir à se préoccuper du mouvement ou de l'immobilité qui en résulte pour le son précédem-
ment *altéré*.

L'accord parfait de *fa* ♮ étant donné, si, par exemple, nous
altérons sa quinte, c'est-à-dire le son *do*,

Équivalent.

il en résulte deux formes d'accord de trois sons, *fa*, *la*, *do* ♯ et *fa*,
la, *ré*♭, dont l'un est l'équivalent harmonique de l'autre, mais qu'il
nous est possible d'interpréter de plusieurs manières, selon que
nous cédons plus volontiers à l'influence du sentiment de l'accord
de *fa* ou de *la*, qu'à celle de l'accord de *ré* ♭, et réciproquement.

Donc, étant donné l'accord de trois sons dont il s'agit, nous
dirons, sans nous préoccuper spécialement de *l'altération* de sa
quinte :

Il y a là trois éléments de tonalité. Le premier de ces éléments
est *fa*; le deuxième, *la*; le troisième, *do* ♯ ou *ré* ♭. On peut en
tirer diverses solutions harmoniques.

SOLUTIONS CORRESPONDANTES SIMPLES :

SOLUTIONS CORRESPONDANTES COMPLEXES,

DÉTERMINÉES PAR LES RELATIONS DE L'UN DES SONS EXPRIMÉS, *FA*, *LA*, *DO* ♯

OU *RÉ* ♭, AVEC UN RADICAL OU UN DÉRIVÉ SUPPOSÉ :

EXEMPLE IV.

Appliquant le même procédé d'analyse à tous les accords, entre autres celui de *septième dominante* avec *quinte mineure*, ainsi précédé et suivi du même accord simple,

je lui donne le nom d'accord mixte, et le considère comme étant l'ex-

10.

pression de deux tonalités adjacentes, *do* ♭, *mi*, conjuguées par deux
intervalles communs, *mi* et *ré* :

En y ajoutant un élément de plus, *fa* ♮, troisième dérivé de
sol, ce *fa* ♮ devrait être, — afin de ne point altérer le sentiment
de la série naturelle des trois tonalités *do*, *mi*, *sol*, — placé à distance de neuvième au-dessus de *mi* :

EXEMPLE V.

L'accord de *quinte et sixte augmentée* n'est autre chose qu'un
groupe harmonique composé de quatre sons, dont le plus grave
est le radical des trois autres.

Dans le cas d'une résolution latérale en *fa* majeur ou mineur,

voici l'explication qu'il me paraît sérieux et profitable de donner :

Tandis que l'accord parfait de *fa* succède à celui de *ré* ♭, à l'aide
du son commun *fa*, la tonalité de *do* est formulée par le mouvement résolutif de dominante fictive, *sol*, à tonique, *do* :

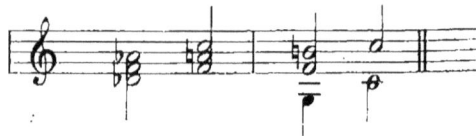

Si le même accord de *quinte et sixte augmentée* est suivi d'un accord de sixte et quarte avec *sol* à la basse,

cette nouvelle résolution s'explique ainsi :

Les sons *fa*, *si* ♮, permettent de concevoir le radical *sol*, et, par
suite, d'opérer directement le mouvement naturel de dominante à
tonique, comme nous l'avons dit plus haut :

Mais la supposition de ce radical, *sol*, entraîne la possibilité d'y
rattacher les sons *ré* ♭ et *la* ♭. Voici comment :

ré ♭ permet de concevoir son troisième radical *mi* ♭, dont *sol* est
le premier dérivé :

De même, *la* ♭ donne le sentiment de son troisième radical *si* ♭,
dont le troisième dérivé essentiel, *fa*, est commun aux trois accords
naturels de *mi* ♭, de *sol* et de *si* ♭ :

Et, en effet, les résolutions directes de chacun de ces accords déterminent un ou plusieurs des sons de l'accord parfait majeur ou mineur de *po :*

De plus. en mineur. les trois sons constituants. *po*, *mi* ♭. *sol*. sont des dérivés réels de *ré* ♭. *fa*, *la* ♭ et. *si* ♮. assimilé à *po* ♭ :

DE LA TONALITÉ PERSISTANTE.

Dans toute œuvre d'art, — poëme, drame, discours, tableau, groupe statuaire, palais monumental, — il faut que les détails se rattachent à une idée mère, il faut que sur l'ensemble règne un *ton* qui harmonise toutes les parties et donne à l'œuvre un cachet spécial, un caractère essentiel. Plus les accessoires sont variés, épars et nombreux, plus il convient de les traiter de manière à ne point contrarier l'intérêt, le dénoûment, l'effet principal à produire. Ces accessoires seront tout ce que l'on voudra, mais ils ne peuvent avoir une importance ni des proportions telles, qu'ils absorbent à eux seuls tout l'espace, toute l'attention.

La nécessité d'écrire ou de chanter dans un ton persistant, je veux dire convenablement soutenu, est particulièrement impérieuse pour le musicien; car qu'y a-t-il de moins substantiel qu'un argument en *fa* ♯ mineur ou majeur?

Pour maintenir le sentiment d'une gamme donnée, le moyen le plus élémentaire consiste à ne faire usage d'aucun son qui soit étranger à cette gamme, ou à n'employer que passagèrement ceux qui sont en dehors; il consiste surtout :

Premièrement, à tenir compte du rapport existant entre les tonalités du premier, du quatrième et du cinquième degré diatonique, lesquelles sont harmoniquement conjuguées, puisque le premier degré, *do*, et le cinquième, *sol*, font partie de l'échelle harmonique du quatrième degré, *fa* :

On comprend, d'ailleurs, que le caractère de ces tonalités persiste suffisamment sous les formes ou renversements appelés *accords de sixte* et *accords de sixte et quarte* :

Deuxièmement, à placer sous la dominante tout ou partie de ses dérivés; puis, sur chacun des dérivés, tout ou partie des autres sons qui composent l'échelle harmonique de cette dominante :

C'est ici le lieu de placer une observation qui a son importance.

Presque tous les auteurs de traités d'harmonie négligent de faire figurer le radical essentiel, *sol*, dans les renversements de l'accord de neuvième majeure de la dominante; et, certes, il peut y être maintenu :

Mais, pour éviter un conflit d'accords naturels adjacents, — SOL, LA, SI, —

il faut au moins, en style soutenu, qu'un des sons principaux SOL, SI, — Dominante et Sensible de la gamme à maintenir, — se trouve à la basse et à distance harmonique voulue, c'est-à-dire à distance de Neuvième ou de Septième de LA :

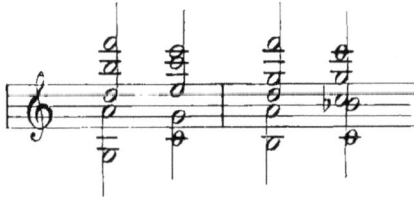

Pour faire figurer le sixième degré diatonique majeur à la basse, ce qui n'est pas d'une impossibilité absolue, il suffit de donner à l'accord une disposition telle, que l'échelle harmonique de la dominante soit bien dessinée. C'est ce qui arrive pour peu que la basse affecte une forme mélodique, ou bien si le mouvement est exécuté avec une certaine rapidité, et surtout par un instrument d'un timbre particulier, auquel cas notre oreille prête volontiers un rôle principal à cet acteur, qui jouit ainsi de quelque liberté d'allures:

Hamlet.

A ce propos, je dirai quelques mots d'une *neuvième majeure ren-versée* (*) que nombre d'admirateurs de l'école allemande condam-neraient, si le génie de l'auteur ne leur imposait silence.

EXTRAIT DE LA SYMPHONIE EN *UT* MINEUR DE BEETHOVEN.

L'entrée des hautbois est légèrement anticipée. L'auteur, ayant le sentiment très-net de ce qu'il voulait dire, a pu se servir d'une expression qui, pour être parfaitement comprise, à la place qu'elle occupe, aurait besoin d'être mieux définie.

En effet, dans ce passage, l'accord naturel de *si* ♭ est à l'état de préparation. Pour dégager quelque peu son collatéral harmo-nique, *ré* ♮, du sentiment qu'inspirent les associés effectifs *fa* et *la* ♭, il faut au moins que *do*, dérivé superflu de *ré*, occupe une position supérieure à ce radical éloigné, dont l'influence est presque nulle, difficilement appréciable dans les conditions données ; si-non, l'oreille indécise et troublée saisira avec avidité le rapport harmonique de *fa* et de *la* ♭, et cela, d'autant plus volontiers qu'ils sont accompagnés de *do*, qui est le dérivé constituant de l'un et le dérivé caractéristique de l'autre.

Mais l'échelle harmonique de *fa* et de *la* ♭ ne comporte pas le son *ré* ♮; de là une surprise, un choc, un léger froissement pour l'oreille.

Qu'au lieu de cela on transporte le son *do* à l'octave supérieure : aussitôt cette disposition détermine le sentiment de l'accord naturel de *ré*, et permet à l'oreille de concevoir le parallélisme existant entre les quatre tonalités de *si* ♭, *ré*, *fa* et *la* ♭ :

Or ce rapport de liaison est précisément déterminé par *do*, son commun aux quatre tonalités dont il s'agit.

Une fois le sentiment de l'accord naturel de *si* ♭ convenablement exprimé, avec ou sans le radical, le son *do* peut mieux se tolérer au-dessous de *ré*, surtout au temps faible.

L'occasion est favorable et l'heure propice pour bâtonner le grand maître de l'école allemande !..... Oh ! ses compatriotes parviendraient peut-être à nous faire prendre en aversion la gloire militaire, ils ne détruiront pas le respect que le génie pacifique de Beethoven inspire à tous ceux qui peuvent en apprécier l'immense valeur.

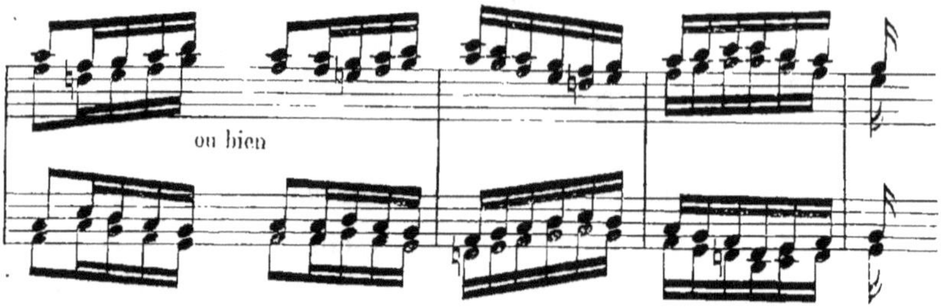
ou bien

DES NOTES DE PASSAGE

ET

DE LA PÉDALE.

« Les notes de passage, » — dit quelque part un harmoniste, auquel j'emprunte cette définition, — « les notes de passage sont « celles qui, dans un trait de mélodie ou d'accompagnement, sont « intercalées entre celles qui font partie de l'harmonie des accords. « Ces notes, bien qu'étrangères aux accords, sont admises par l'o- « reille, parce que l'attention de cet organe est fixée sur les formes « significatives de la mélodie ou de l'accompagnement; le défaut « de relation directe avec l'harmonie des accords disparaît devant « cette considération plus puissante. D'ailleurs, l'habitude que l'on « a d'entendre ces formes est cause de la facilité qu'éprouve l'oreille « à faire abstraction des notes de passage et à réduire toutes les « formes d'accompagnement à l'harmonie radicale dont elles ne « sont que les broderies. »

Que ce soit là une véritable définition plutôt qu'une simple constatation de faits, je n'y contredis pas, pour peu que l'on en fasse une question personnelle; mais la définition est-elle satisfaisante, explicite, de nature à permettre à un jeune harmoniste de risquer une forme particulière, qu'il trouvera de lui-même et qui différera des formes qui lui sont données comme modèles du genre?

Je ne le crois pas.

C'est de cela, pourtant, qu'il importe de s'occuper lorsqu'on entreprend l'éducation d'un futur compositeur.

Eh bien, à ce point de vue, comme à beaucoup d'autres, il ne suffit pas de définir une expression d'autrefois, il faut en faire sentir à l'oreille toute la valeur.

On trouvera dans les pages consacrées aux appoggiatures et aux auteurs tous les moyens d'explication désirables, qui me dispenseront, je l'espère, d'entrer dans les développements qu'exigerait, sans cela, l'étude de ce que l'on appelle les *notes de passage*.

Un exemple seulement, pour mettre le lecteur sur la voie :

Parmi les sons qui diffèrent de ceux de l'accord d'accompagnement, il s'en trouve quatre, *si, ré, fa, la,* qui dérivent de *sol;* les deux premiers sont également des dérivés naturels de *mi; ré* est, en outre, au sommet de l'échelle harmonique de *do :*

Est-il besoin de faire remarquer qu'indépendamment des propriétés que possèdent les notes de passage *si, ré, fa, la,* comme dérivés naturels de *sol, mi* et *do,* les trois dernières, *ré, fa, la,* peuvent être conçues directement aussi comme racines harmoniques, savoir : *ré* de *mi, fa* de *do* et de *sol, la* de *mi* et de *sol.*

Telle est la raison absolue, le principe harmonique pur en vertu duquel la succession des sons *do, ré, mi, fa, sol, la, si, do,* peut, étant accompagnée des sons persistants *do, mi, sol,* naître dans la pensée du compositeur et produire un effet agréable à l'oreille.

Dire que cet organe contracte l'habitude des formes mélodiques ou harmoniques, c'est énoncer une vérité de fait, ce n'est pas expliquer le moins du monde cette vérité. Or il faut dire pourquoi notre organe parvient à un degré quelconque d'éducation, sinon

l'élève qui aura imaginé une forme nouvelle, sans exemple, hési-
tera à l'écrire. Ne sachant comment la justifier, il n'osera pas, il
n'en croira pas ses oreilles, et, — chose plus sérieuse, — il pourra
fort bien arriver que la pauvre nouveauté soit condamnée, sans
autre forme de procès, par quelque juge très-compétent, mais trop
à cheval sur les principes traditionnels.

Si la forme mélodique ci-dessus est transposée, c'est-à-dire
chantée à une partie autre que la partie supérieure, les sons dont
elle est composée n'en conservent pas moins le caractère des dérivés harmoniques.

Le dessin qu'elles esquissent est essentiellement décoratif. Qu'il
soit grave et massif, peu importe ; c'est un ornement et non une
assise ; ce sera, si l'on veut, quelque chose destiné à donner une
certaine apparence aux matériaux, mais jamais à remplacer le gros
œuvre.

Cet enchaînement de rapports harmoniques directs ou indirects
permet de comprendre qu'il soit possible de soutenir un et même
plusieurs sons, tout en leur associant une foule d'autres sons avec
lesquels ils semblent n'avoir aucune parenté. Le son qui persiste
ainsi prend le nom de *pédale*, emprunté, comme on sait, au voca-
bulaire des organistes du moyen âge.

Voici, — au verso du présent feuillet, — un son *do* tenu en pédale.
L'analyse harmonique en est trop facile, au point où nous sommes
arrivés, pour qu'il soit nécessaire d'entrer dans les moindres détails. Disons quelques mots seulement des notes de passage qui, au

premier coup d'œil, semblent être le plus radicalement étrangères
à la pédale.

A la première mesure, *fa* ♯ fait partie du rameau harmonique
de *ré*, qui est le dérivé essentiel de *sol*, quinte constitutive de la
tonalité de *do*.

A la deuxième mesure, *do* ♯ a pour racine directe *la*. Ainsi il
y a conjonction des deux accords naturels de *do* et de *la*, lesquels
ont pour dérivés communs *mi* et *sol*; puis, en même temps, asso-
ciation des deux accords naturels de *fa* et de *ré*, dont les sons *do*
et *la* sont respectivement les dérivés essentiels. Donc, cadences fictives simultanées de *do* sur *fa* et de *la* sur *ré*.

A la troisième mesure, *do* ♯ est le dérivé caractéristique de *la*.
Ce *la* constitue la tonalité de *ré* et caractérise celle de *fa*, dont
do ♮, son tenu en pédale, est le dérivé commun.

Plus loin, *sol* ♯ a pour radical direct *mi*, qui, lui, fait partie
essentielle du rameau harmonique de *la*.

Enfin, au deuxième temps de la dernière mesure, *do* ♯ est une
émanation harmonique de *la* qui n'est pas exprimé, mais qui tient
à l'échelle harmonique de *sol*; puis, dans l'accord final, *ré* ♯ a
pour radical supposé *si*, qui, avec *fa* ♮-*la*, caractérise l'accord
naturel de *sol*, tandis que ce *sol* constitue la tonalité fondamentale de *do*.

Il serait superflu, après avoir fait une minutieuse analyse des principales appoggiatures, de parler longuement des *notes de passage*. L'étude pratique de l'harmonie apprend à l'oreille la manière de les grouper agréablement avec les notes réelles des accords. Pour couper court à des redites sans nécessité, je terminerai par une observation générale à propos du cas particulier que voici :

On me présenta, un jour, ces deux accords,

en m'invitant à expliquer pourquoi le dernier ne pouvait pas succéder au premier.

À cette question, qui m'eût peut-être fort embarrassé à une autre époque, je répondis sans hésiter, et cela, par une raison fort simple : c'est qu'il y a là, non une impossibilité harmonique réelle, comme se le figurait tout d'abord mon spirituel interlocuteur, mais une simple faute d'orthographe musicale, que l'on fait disparaître en transposant le son *la*, par exemple, à l'octave supérieure :

Cette transposition, qui n'altère en aucune façon le caractère de l'accord, permet à l'oreille de saisir instantanément et sans effort le rapport harmonique de *septième de sensible, si-la*, qui, loin d'être dégagé et limpide dans la succession dont il s'agit, est masqué, dissimulé et comme étouffé entre les sons *do* et *ré*, placés, l'un à la base, l'autre au sommet du deuxième accord.

Il est loisible au lecteur de vérifier au piano la rectitude de cette explication, qui, puisée dans le sentiment musical même, ne saurait être assimilée à un raisonnement abstrait.

Plus on lit les maîtres, — et ceux qui, sans être tout à fait dignes de ce titre superbe, sont des compositeurs de beaucoup de mérite, — plus on est à même de juger combien il existe d'exceptions aux soi-disant principes de toutes sortes que l'art d'aujourd'hui accepte, les yeux fermés, de l'art d'autrefois.

ANALYSE

DE

TRANSITIONS OU ACCORDS EXCEPTIONNELS

TIRÉS DES OEUVRES DE QUELQUES SYMPHONISTES

ET AUTEURS DRAMATIQUES.

AUBER.

LA MUETTE.

Quand j'étais écolier, je me rappelle avoir cherché bien des fois à me rendre compte de certaines curiosités *exceptionnelles* de cette partition aussi universellement estimée qu'elle est peu orthodoxe. Vains efforts ! Enquête inutile ! Tous les harmonistes, anciens et modernes, me disaient en chœur : « Ce sont là des traits de génie. « Il faut se contenter d'admirer ; vouloir expliquer, ce serait se don- « ner beaucoup de peine en pure perte. . . . . »

J'ai cherché, nonobstant. La question est de savoir, aujourd'hui, si j'ai réellement perdu toutes les heures consacrées à la décou- verte de cet inconnu.

Prenons la partition, et essayons d'analyser harmoniquement ce motif de l'*Ouverture* :

MI ♮ et FA ♯ sont des dissonances *absolues* au point de vue de l'accord sol-si♭-ré qui accompagne la mélodie. De plus, ces deux sons *discordants* sont répétés l'un et l'autre, avec cette circonstance aggravante qu'ils sont isolés par un quart de silence !...

Un peu plus loin, au premier temps fort de la mesure, voici une

autre dissonance, la, à laquelle l'auteur n'a pas craint de donner trois fois plus de valeur qu'à la consonnance si ♭, tierce caractéristique de l'accord de sol mineur...

Comment et pourquoi cela peut-il charmer nos sens, au lieu de produire une cacophonie qui semble inévitable?

C'est fort simple :

1° fa ♯ et mi ♮ dérivent de ré, dont mi ♮ est, en outre, le radical extrême :

2° la est dérivé essentiel de ré et superflu de sol :

Dans la scène du *Marché*,

> Au marché qui vient de s'ouvrir
> Venez, pressez-vous d'accourir...

nous voyons paraître, à la fin de la deuxième mesure, une dissonance absolue DO ♯ (*), qui, loin de se résoudre sur un des sons
constituants de l'accord de la troisième mesure, MI-SOL ♯-SI-RÉ, a
été maintenue par M. Auber, envers et contre toutes les règles
établies.

Où le compositeur a-t-il puisé ce sentiment *exceptionnel*? Et comment avons-nous eu la faiblesse de le partager? car, enfin, DO ♯
n'est pas un son *anticipé*, puisqu'il est étranger au troisième accord.

Non. Ce DO ♯ n'est pas plus une anticipation qu'une prolongation. DO ♯ est le dérivé naturel de LA et de FA ♯ : voilà ce qui explique son apparition à la deuxième mesure. Il est en même temps
le radical de SI et de SOL ♯, plus le dérivé extrême de SI : voilà,
en second lieu, pourquoi et comment il se fait que l'auteur de *la
Muette* a eu le courage facile de maintenir ce DO ♯ au début de la
troisième mesure.

La basse, maintenue en pédale, s'explique parfaitement :

A la quatrième mesure, RÉ ne fait-il point partie intégrante de
l'accord MI-SOL ♯-SI-RÉ? et, à la cinquième mesure, ne tient-il pas

harmoniquement aux sons *mi* et *sol*, en qualité de dérivé de l'un, *sol*, puis comme radical et dérivé de l'autre?

Essayons quelques variantes harmoniques; elles prouveront qu'une mélodie peut toujours être parée de plusieurs manières. Le difficile, c'est d'avoir la sûreté du coup d'œil du berger Pâris.

BEETHOVEN.

SYMPHONIE EN *UT*.

Un des caractères les plus saillants du génie de Beethoven, c'est la hardiesse des procédés de modulation. On pourrait, à la rigueur, se borner à ouvrir une des partitions du maître, on récolterait dans la moindre sonate une foule d'accords faisant exception aux principes enseignés, non-seulement vers la fin du siècle dernier, mais encore à l'époque actuelle.

Prenons, pour objet d'étude, un seul et unique accord dans la symphonie en *ut*.

L'allegro débute par un motif en *do* majeur, qui, à partir de la septième mesure, est reproduit en *ré* mineur, suivi aussitôt d'un accord plaqué (*),

vulgairement dénommé accord de *seconde, quarte et sixte mineure du premier degré* diatonique, ou bien *troisième renversement de l'accord de septième du second degré, avec quinte altérée* ou *mineure* . . . . .

D'après Catel, cet accord résulte d'une *prolongation* de la tonique, ici *do*, et d'une substitution mineure du sixième degré, *la* ♭. à la dominante, *sol*.

La tonique, *do*, est-elle *prolongée?*

Reicha n'explique rien. Il se borne à dire que l'accord se place de préférence sur le premier degré d'un ton majeur ou mineur.

Le fait plaide ici en faveur de Reicha.

Mais quel progrès en résulte-t-il pour l'enseignement pratique? En quoi l'élève est-il plus avancé de savoir que telle forme d'accord porte tel nom plus ou moins bien justifié, et s'adapte plus ou moins fréquemment à tel ou tel degré de la gamme majeure ou mineure?

N'est-il pas infiniment plus utile au jeune compositeur de savoir que les accords naturels ont des sons ou rapports communs qui permettent de les associer, de les fondre, de les conjuguer entre

eux ? Que, par exemple, dans le cas dont il s'agit, le son *do* étant
à la fois dérivé et radical de *ré* et de *si* ♭,

il n'est pas surprenant que l'oreille accepte la combinaison de quel-
ques-uns des éléments constitutifs de ces trois tonalités naturelles.

Il ne s'agit plus que d'exprimer cette combinaison phonétique
d'une manière qui flatte l'oreille. Ceci s'obtient par le travail, mais
on connaît le principe, le fait élémentaire de l'art musical; on ne
marche plus dans les ténèbres; on peut se diriger et avancer d'un
pas assuré.

Cela compris, un élève harmoniste saisira sans difficulté la loi
de succession des accords que Beethoven aurait pu écrire, à la
place de celui qu'il a préféré faire entendre à la treizième mesure :

Au lieu de céder à cette tentation mondaine, le grand maître a eu la candeur de revenir à la dominante, ce qui est beaucoup moins inattendu, mais ce qui possède le rare mérite de planer dans une région sereine où se complaît l'oreille, que la modulation agace quelquefois.

FÉLICIEN DAVID.

LALLA ROUKH.

Demandons à la doctrine consacrée l'explication de l'accord FA ♯-SI-RÉ ♮-SOL ♯-MI ♯ (*), qui s'épanouit tout à coup à la troisième mesure de ce fragment emprunté à la partition de *Lalla Roukh*.

Elle répondra que FA ♯ est une pédale, et que les autres sons constituent un accord de *sensible*, avec quinte mineure ou diminuée, comme si l'on était en FA ♯ mineur : MI ♯-SOL ♯-SI-RÉ ♮ . . .

Sans doute. Mais, sans parler de l'auteur, dont l'inspiration n'a, certes, pas raisonné, calculé, ni ergoté, avant de prendre son essor, j'insiste pour savoir ce que cette prétendue explication dit d'intéressant à l'oreille d'un apprenti compositeur? Ce qu'il y gagne réellement? Quel progrès il en résulte pour son instruction pratique?

J'accorde volontiers qu'il sera frappé d'admiration. Mais cela le fera-t-il avancer d'un pas? En sera-t-il moins écolier?

Ne sera-t-il pas toujours à se demander, par exemple, d'où vient ce RÉ ♮, sixième degré diatonique de FA ♯ mineur? Comment il se fait que l'oreille soit éprise de ce monstre qui surgit à l'improviste,

13

et froisse, avec une si inconcevable brusquerie, le sentiment si pur des gammes sœurs de *si* et de *mi*?.....

Ah! si l'étudiant n'avait qu'à glaner, qu'à cueillir des fruits mûrs, et à les offrir à un public d'amateurs peu délicats, rien de mieux : mais tel n'est pas le but que poursuit un professeur sérieux.

C'est pourquoi je soutiens qu'il est indispensable que l'enseignement fasse pénétrer dans l'imagination de l'élève une croyance féconde, au lieu de l'éblouir par de vaines promesses.

Voici l'explication technique et artistique de l'accord que j'ai pris, entre mille, dans l'œuvre d'un maître qui, précisément, profita fort peu de l'enseignement traditionnel.

mi ♯ a pour radical fictif *do* ♯, dérivé essentiel de *fa* ♯.

ré ♮ a pour radical supposé *mi* ♮, autre dérivé de *fa* ♯.

De telle sorte qu'il y a là deux transitions simultanément esquissées :

L'une, principale, de *do* ♯ en *fa* ♯ ;

L'autre, accessoire, de *mi* ♮ en *la* ♮ ;

ayant pour dérivés communs *sol* ♯ et *si*.

Ainsi, l'auteur a conçu instinctivement au-dessus de *fa* ♯ ses deux dérivés *do* ♯, *mi* ♮, dont il a seulement exprimé les harmoniques respectifs *mi* ♯, *sol* ♯, *si*, *ré* ♮ :

sommités fleuries, tombées, on ne sait comment, des rameaux in-
visibles *do* ♯, *mi* ♮, mais qui tiennent à la terre par le radical profond *fa* ♯. De là, le caractère mystérieux de cet accord-appoggia-
ture.

Ces deux transitions conjointes sont suivies de deux autres semblables :

La principale, de *fa* ♯ en *si*,
L'accessoire, de *la* en *ré*,

ayant pour dérivés communs *do* ♯, *mi*.

Viennent ensuite les deux transitions également simultanées et
parallèles, *si-mi* et *ré* ♮*-sol* ♮,

qui s'opèrent à l'aide des dérivés *fa* ♯, *la* ♮, communs aux accords
naturels de *si* et de *ré* ♮.

Il me serait particulièrement agréable d'ouvrir les partitions d'*Her-
culanum* et du *Désert*. En me refusant cette satisfaction, je prive le
lecteur d'un plaisir qu'il peut, d'ailleurs, goûter beaucoup mieux
qu'en parcourant ma prose. Si la réserve qui m'est imposée avait

besoin d'une explication, il suffira, sans doute, de signaler l'ab-
sence, dans cette partie de mon ouvrage, d'une foule de noms
d'auteurs on ne peut plus estimés.

GOUNOD.

FAUST.

Ah ! je ris de me voir
Si belle en ce miroir.

Les combinaisons prime-sautières fleurissent à chaque page de
cette partition. Cueillons-en quelques-unes dans l'*Air des Bijoux*.

A la troisième mesure, voici un *ré* # et un *si* # qui sont tout à fait
étrangers à l'accord d'accompagnement, et qui n'appartiennent pas
davantage à la deuxième mesure. Comment ces deux dissonances

non préparées peuvent-elles, sans produire un effet désastreux, être accompagnées comme M. Gounod a jugé à propos de le faire pendant les deux premiers temps de la mesure?

Je ne vois là ni prolongation ni anticipation d'aucune sorte à invoquer. La méthode classique est impuissante à expliquer cela, à moins de dire que c'est une exception ou, plus sérieusement, un groupe de notes d'agrément, quelque chose comme une appoggiature.

Mais, encore une fois, l'expression d'appoggiature, qui peut suffire aux artistes consommés, est insuffisante pour les étudiants aussi bien que pour les professeurs. Il faudrait au moins expliquer comment il se fait qu'une appoggiature de cette forme particulière, tout à fait mélodique, puisse se produire; par quels liens elle se rattache à l'harmonie ambiante, et comment l'auteur a pu la concevoir.

Eh bien, pour moi, le voici :

RÉ ♯ et SI ♯ sont les deux dérivés essentiels de SOL ♯ qui figure dans l'accord de la deuxième mesure.

La tonalité de MI se combine donc, là, avec celle de SOL ♯, qui peut, ainsi, figurer une cadence en DO ♯, avec ses deux dérivés essentiels SI ♯ et RÉ ♯.

Or DO ♯, dérivé essentiel de LA et de FA ♯, — radicaux conjugués de l'accord d'accompagnement, — est en même temps le radical extrême de RÉ ♯ et le radical essentiel de SOL ♯ :

Nous expliquerons harmoniquement cet exemple délicat en disant que RÉ ♯ et SI ♯ ont pour radical fictif SOL ♯, dérivé essentiel de DO ♯, l'un des sons effectifs importants de l'accompagnement.

Il en est de même à la septième mesure pour le passage analogue au précédent. Les sons *do* ♯ et *la* ♯, étrangers à l'accord franc de *mi*, ont pour radical supposé *fa* ♯, dérivé essentiel de la basse radicale *si* de la sixième mesure :

il y a donc là le simulacre d'une cadence passagère de *fa* ♯ en *si*, qui s'articule avec *mi*.

Remarquons, en outre, que ces deux mêmes sons, *la* ♯ et *do* ♮, se rattachent à la sixième mesure par un autre radical, qui est *ré* ♮, et qu'ils pourraient, dans ce cas, figurer une cadence en *sol* ♯ mixte, autrement dit *sol* ♯ mineur.

HÉROLD.

___

ZAMPA.

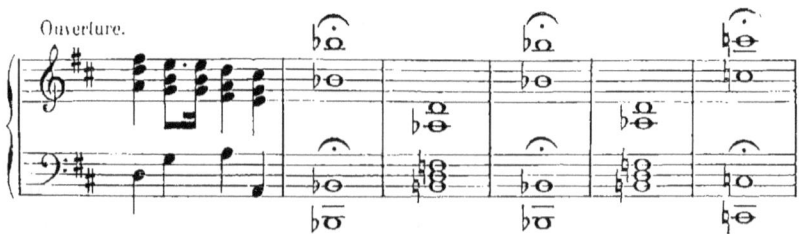

De la première à la deuxième mesure, il y a une cadence en *si* ♭ au moyen de l'accord naturel *supposé* de *fa* ♮, lequel se conjugue avec celui de *la*, par les sons communs *la* et *sol* :

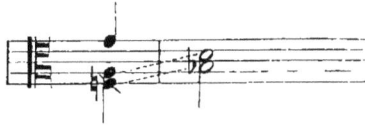

L'accord de la troisième mesure se compose de dérivés de *si* ♭ et de dérivés de *sol;* c'est un accord conjugué qui se trouve privé de ses radicaux :

La reproduction de l'un des radicaux, *si* ♭, à la quatrième mesure, s'explique trop naturellement pour en parler.

Entre la cinquième mesure et la sixième, il y a cadence simulée de *sol* en *do;* la cadence de *si* ♭ s'évapore. Mais, chose digne d'être observée, remarquons que *do* est un radical de *sol*, et, en même temps, dérivé de *si* ♭, ainsi que de chacun des sons *ré*, *fa*, *la* ♭, dont ce *si* ♭ est le radical commun.

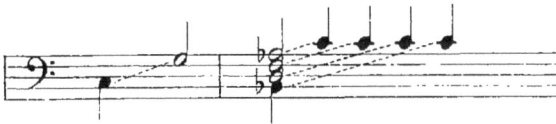

Cette double attache harmonique justifie amplement l'apparente

étrangeté de l'unisson *do*, succédant à l'accord mixte et indéterminé
de la cinquième mesure.

Entre les sixième et septième mesures, même genre de transition, et, par conséquent, même analyse que celle qui vient d'être
appliquée aux accords de la deuxième mesure et de la troisième.
L'accord de la septième mesure se compose de dérivés de *do*, savoir :
mi, *sol*, *si* ♭, et des dérivés de *la*, qui sont : *do* ♯, *mi*, *sol*. C'est donc
un accord double ou conjugué, dont les radicaux essentiels ne sont
pas exprimés :

A cet accord mixte, dont la forme est indéterminée, succède le
son *ré*, qui donne le sentiment d'une cadence régulière de *la* en *ré* ;
et ce dernier son est à la fois radical de *la* et dérivé de chacun des
sons *mi*, *sol*, *si* ♭, qui ont, tous les trois, pour radical commun *do*.

Mais c'est là une bagatelle prise au hasard.

Quelle riche moisson n'y aurait-il pas à faire dans l'œuvre si remarquable d'Hérold, qui, à mes yeux, fut un maître par excellence,
supérieur dans l'art dramatique, et qui, s'il eût vécu quelques
années de plus, serait probablement regardé aujourd'hui comme
l'un des compositeurs les plus féconds et les plus prime-sautiers
qu'il y ait jamais eu en France et ailleurs !

Ne quittons pas ce chef-d'œuvre sans jeter un rapide coup d'œil
sur deux ou trois traits de génie faisant exception aux principes,
raison d'état qui, heureusement, n'enlève pas aux musiciens le droit
de discuter la constitution des accords.

A la suite des accords que nous venons d'analyser se trouve, comme on sait, le trait que voici :

Dans un cours d'harmonie, le professeur dirait :

Il y a là une pédale supérieure, sous laquelle glisse, de l'aigu au grave, une gamme irrégulière dont le sentiment est vague, mais très-finement exprimé. Cette gamme, d'ailleurs, va de la dominante *ré* à la tonique *sol*. Chercher à savoir pourquoi et comment Hérold fut entraîné à écrire cela de telle façon plutôt que de telle autre, ce serait perdre du temps sans utilité aucune : affaire de sentiment que tout cela, et qui échappe à toute analyse. C'est la manière du maître, et c'est bon parce que c'est bon.

Ce raisonnement léger n'est pas tout à fait puéril, j'en conviens; mais satisfait-il l'esprit investigateur de l'élève? — Nullement. L'élève n'ignore pas que quantité de hardiesses, consacrées par le temps, ont passé autrefois pour de pures extravagances; et peut-être pressent-il déjà que beaucoup de formes tenues pour très-agréables aujourd'hui seront qualifiées, plus tard, avec une très-juste sévérité.

Il faut donc donner, une fois pour toutes, une explication qui laisse moins à désirer, qui donne à l'entraînement sentimental une raison d'être plus palpable. Ce genre d'explication sera, si l'on veut, une sorte d'*anatomie musicale*, beaucoup plus à l'usage des théoriciens que des hommes pratiques : je n'en disconviens pas; mais est-il bon que les élèves n'en sachent pas le premier mot? Là est le vif de la question au point de vue de l'enseignement.

Que les professeurs n'abusent pas du raisonnement dans un

cours d'harmonie, c'est parfait; n'en pas user, ce serait s'attribuer
le rôle de fabricant de petites boîtes à musique. Ce rôle ne convient ni aux maîtres ni aux élèves.

Voici sous quelle forme on peut présenter l'analyse du dessin
mélodique dont il s'agit :

1° Cadence en SOL : DO est un dérivé de RÉ qui constitue avec
SI l'accord parfait ou franc de SOL.

2° Transition de SOL en SI ♭ : dérivé commun RÉ.

3° Transition de SI ♭ en RÉ dont LA est le dérivé essentiel.

4° Cadence en SOL : SOL est le deuxième radical de RÉ.

5° Cadence en DO qui est le radical extrême de RÉ.

6° Cadence en FA, dont MI ♭ est l'un des dérivés superflus. Les
accords naturels de FA et de RÉ sont conjugués harmoniquement
par leurs dérivés communs LA, DO.

7° Transition de l'accord naturel de FA à celui de RÉ, ou cadence en SI ♭, dont RÉ est le premier dérivé.

8° Transition de RÉ en SI ♭, ou cadence en SOL mineur.

Telle est la structure élémentaire de cette sorte de gamme descendante, par rapport au son RÉ tenu en pédale. Il est facile, d'ailleurs, — sans employer ce procédé d'analyse à la loupe, dont je n'entends point conseiller l'usage immodéré dans un cours, — de saisir dans ce dessin le sentiment harmonique dominant de SOL mineur, SOL-SI ♭-RÉ, complément de l'accord naturel de DO qui contient lui-même l'accord indéterminé MI-SOL-SI ♭-RÉ, donné par les temps forts du passage que nous avons sous les yeux.

Or ce dernier son est la quinte constitutive de la tonalité de *fa*, qui se combine latéralement avec l'accord naturel de *ré*, par les dérivés communs *la*, *do*,

ce qu'il ne faut pas perdre de vue.

Ajoutons que les sons extrêmes de l'accord

font naître le vague sentiment de la dominante de la tonalité réso-lutive de *la*; et, enfin, que ce même accord exprime par ses trois sons supérieurs *sol*, *si* ♭, *ré*, le sentiment de la tonalité mixte de *sol*.

A partir du deuxième temps fort de la cinquième mesure, le sentiment de la tonalité de *sol* est facile à déduire :

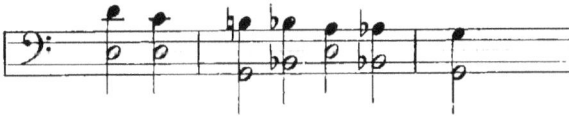

Et la pédale s'explique par la persistance du son *ré*, qui fait partie intégrante de chacun des accords, soit comme radical, soit comme dérivé.

Pour terminer, signalons dans la même Ouverture la très-cu-rieuse *exception* harmonique que chacun se rappelle avoir entendue :

Les sons mélodiques *fa* ♮, *sol* ♮ (*) n'appartiennent ni l'un ni l'autre à l'accord de *sixte et quarte* de l'accompagnement; et l'auteur ne les a reliés aux sons réels par aucun intermédiaire *effectif*.

Ces *notes de passage* sont donc particulièrement exceptionnelles?

Non. C'est une erreur, tout au moins une explication nuageuse. qui devient claire, si l'on veut bien se donner la peine de consulter le sentiment harmonique de la tonalité de LI mineur, dont le caractère est essentiellement mixte.

En effet, LI mineur participe de FI et de DO majeurs, c'est-à-dire, en d'autres termes, que les sons LI, DO, permettent de concevoir FA, leur radical commun, puis SOL qui est, d'ailleurs, le dérivé de ces trois sons :

ce qui explique à l'oreille la correction de cette prétendue exception aux lois de l'harmonie.

MENDELSSOHN.

SYMPHONIE. OP. 90.

Dans cette œuvre, sortie toute cuirassée d'un cerveau vraiment olympien, se trouvent des hardiesses harmoniques de plus d'une sorte. Je n'en citerai qu'une seule. Elle n'est pas des plus extraordinaires, mais, grâce aux ingénieuses dispositions instrumentales de la partition, elle frappe les yeux à ce point, qu'elle pourrait, à la rigueur, se passer de commentaires. Aussi ne donnera-t-elle lieu de ma part qu'aux observations les plus indispensables.

Jusqu'au premier temps de la huitième mesure, on est franchement en *la;* mais, à partir de ce point, deux tonalités se développent simultanément. Il y a lutte entre les violoncelles et les violons pour faire prévaloir les *perfections* de l'une ou de l'autre : en premier lieu, de la tonalité de *fa* # ou de celle de *ré;* en second lieu, de la tonalité de *ré* ou de celle de *si.* Cependant l'éclat de cette dernière tonalité finit par *dominer* celui de sa rivale, sans parvenir, toutefois, à le faire oublier aux tendres flûtes, qui en conservent le *sentiment,* jusqu'au moment où les premiers et seconds violons s'en emparent,

mais pour le voir bientôt disparaître sous l'étreinte d'un puissant
accord de *septième* Dominante :

C'est en se plaçant à ce point de vue tout sentimental que l'on
arrive à comprendre, sans difficulté aucune, l'apparente étrangeté
qui frappe les yeux à la huitième mesure,

quand on a la naïveté de juger seulement *de visu*, au lieu de regarder avec les yeux de l'intelligence musicale, c'est-à-dire en se
pénétrant du pur sentiment harmonique qui relie entre elles les
différentes parties d'une toile peinte à l'huile phonétique.

Ce *sol* ♯, à la basse, n'appartient pas à l'accord parfait de *la*. Il
y a dissonance de seconde mineure entre les deux sons, et voilà
que cette monstrueuse dissonance est audacieusement attaquée par
les premiers violons!..... Si ce n'est insensé, c'est merveilleux.

Merveilleux ! Pourquoi ?

Mon Dieu, c'est très-simple à voir, si l'on veut bien risquer de
descendre au fond du puits où la Vérité implore le secours de ses
trop platoniques adorateurs, depuis les temps héroïques.

Prenons à part le mouvement des basses qui articulent un

fragment de mélodie. — Si ce que j'avance là provoquait le sou-
rire d'un incrédule, je lui rappellerais ce souvenir de *Robert-le-
Diable* :

Cela posé, nous concevrons pour radical naturel de *sol* ♯, soit
mi, soit *do* ♯ :

Or l'un quelconque de ces deux sons, *do* ♯, *mi*, est le dérivé
naturel de *la* : le secret n'est-il pas harmoniquement dévoilé?

L'expliquer ainsi que nous venons de le faire est peu de chose.
Ce qui est difficile, c'est de traduire sa propre pensée avec beaucoup de charme, c'est d'écrire en maître.

MEYERBEER.

L'AFRICAINE.

IVe ACTE. — Air de Vasco.

« Ò Paradis sorti de l'onde..... »

En isolant par la pensée le fragment

j'arrive à distinguer, dans cette partie épisodique, les cadences suc-
cessives de *si* ♭ en *mi* ♭. de *mi* ♭ en *la* ♭, et de *la* ♭ en *ré* ♭ :

Voilà donc trois tonalités esquissées, ou plutôt estompées par
Meyerbeer au-dessous de l'accord de *ré* ♭, ce qui fait, en somme,
quatre tonalités dont nos sens reçoivent l'impression plus ou moins
forte, mais véritable.

Le sentiment de la tonalité naturelle de *ré* ♭ est exprimé d'une
façon beaucoup plus énergique, il s'impose beaucoup plus à notre
attention que celui des autres tonalités, qu'il domine : aussi
croyons-nous à sa seule présence ; mais c'est là une illusion. — illusion dont je ne demande pas le sacrifice, car c'est elle, je le sens,
elle-même qui donne à l'harmonie ce mystérieux langage qui nous
touche si profondément parfois.

Nous faisons ici une besogne d'étudiant, le scalpel à la main ;
cela n'empêche pas d'être tendre à l'occasion.

En réunissant, sous la forme d'accords isolés, les faits harmoniques curieux que nous venons de découvrir, je vois ceci :

Le son FA est un dérivé commun aux accords naturels de RÉ ♭, SI ♭ et MI ♭.

De même, MI ♭ relie entre eux les accords naturels de MI ♭, LA ♭ et RÉ ♭.

La conjugaison des tonalités harmoniques de SI ♭, MI ♭, LA ♭ et RÉ ♭, s'opère donc en vertu de la perception réelle ou supposée des sons FA et MI ♭, dérivés superflus de MI ♭ et de RÉ ♭.

Ainsi, pour opérer cet empâtement de tons divers, Meyerbeer a eu la puissance de concevoir les deux séries conjuguées de RÉ et de MI ♭, jusqu'au dérivé extrême FA inclusivement.

Quel que soit mon désir d'être bref, il m'est impossible de ne point parler du prélude de la grande scène du Mancenillier, non pour le futile plaisir d'émettre à ce sujet une opinion personnelle très-élogieuse, mais afin d'en tirer un argument favorable à la thèse que je soutiens, disons mieux, à la vérité, qu'il s'agit de faire triompher.

En dehors de l'unisson absolu, et abstraction faite de la nature des instruments choisis par le compositeur, on peut toujours se demander comment cette mélodie, — à laquelle les musiciens harmonistes peuvent, seuls, prêter mentalement un accompagnement, et dont, seuls aussi, ils peuvent distinguer le rhythme et les cadences diverses, — produit sur les personnes non initiées aux secrets de l'art musical une si profonde et si puissante impression.

Que ces auditeurs aient le goût exercé par l'habitude, depuis longtemps contractée, d'entendre des œuvres de choix, exécutées par d'excellents artistes, cela ne fait pas l'ombre d'un doute; mais cela explique d'une manière trop peu satisfaisante leur aptitude réelle à discerner instantanément le mérite d'une combinaison harmonique nouvelle, ou l'agrément d'une suite de sons égrenés les uns à la suite des autres.

L'habitude n'est rien, si elle ne développe pas l'intelligence musicale; et si, au contraire, celle-ci est en grande partie le résultat de l'habitude, — ce dont je suis très-convaincu, — il faut de toute nécessité que la hardiesse ou l'ingéniosité des conceptions de l'artiste musicien soient puisées à la même source terrestre, quelque diffuses, diaphanes ou éthérées que soient les apparences.

Donc, si j'examine la mélodie savamment belle qui sert de prélude à la scène du Mancenillier, j'affirme que les personnes, peu ou point musiciennes, qui éprouvent beaucoup de charme à l'écouter, perçoivent vaguement, mais très-certainement, les rapports harmoniques qui lient, d'une manière si heureuse, les sons que l'archet dérobe à la corde — alors saisie d'un inexprimable transport, au contact de cette *lèvre pâle* qui a le pouvoir magique de changer la douleur en extase !

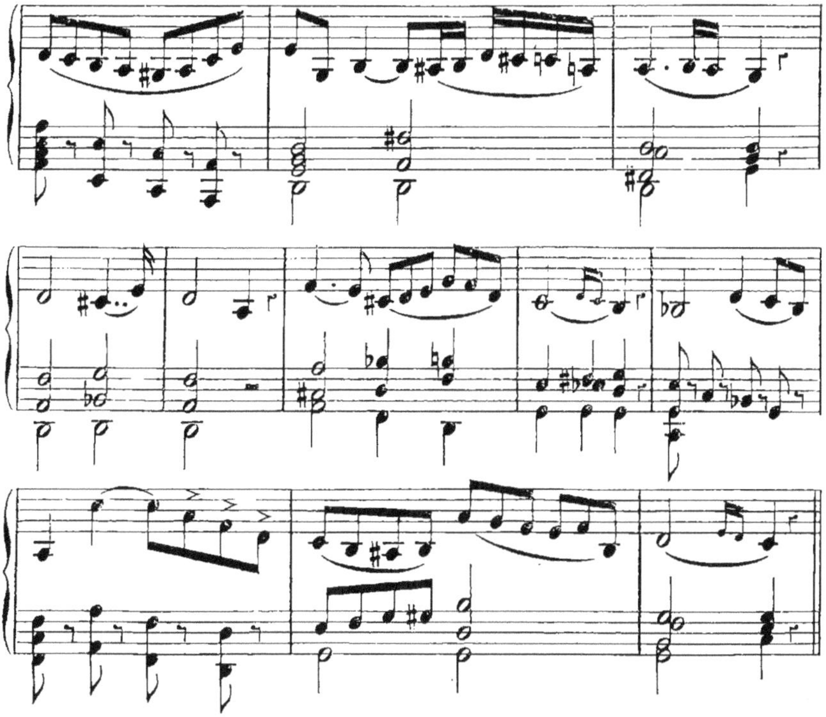

MOZART.

SYMPHONIE EN *SOL* MINEUR. *OP. 45.*

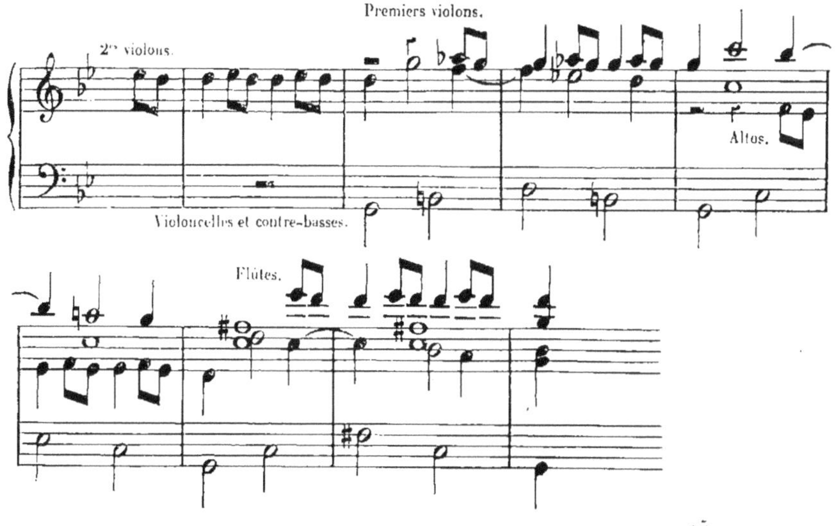

Si l'on s'en tient aux principes légers de l'enseignement ordinaire, ce fragment de symphonie ne peut être analysé qu'en ayant
recours aux vocables habituels : anticipations, retards, pédales,
notes de passage, etc.

Pour donner une explication réelle et tout à fait satisfaisante du
procédé magistral employé par le génie qui a inspiré Mozart, dans
cette partie de la symphonie en *sol* mineur, voici comment il convient de s'y prendre.

Ce qui apparaît tout d'abord, ce sont :

D'une part, les trois accords formulés en arpéges à la basse :

Puis, la forme syncopée de la mélodie, qui peut être ramenée
à celle-ci :

dans laquelle est plus nettement dessinée la cadence classique *sol-
do-ré-sol*, se réduisant, en définitive, à la cadence simple *sol-ré-
sol*, puisque *do* est un dérivé de *né*.

Ainsi les temps forts de la première partie de ce fragment sym-
phonique donnent figurativement les accords ci-après, qui s'en-
lacent avec l'harmonie plaquée, réelle, écrite à l'accompagnement
par la main du maître :

Tout d'abord, les tonalités de *sol* et de *mi* ♭ se trouvent combinées pour aboutir à celle de *do* mixte.

En second lieu, la tonalité mixte de *do* se combine avec une partie de l'accord parfait de *fa* (*la* ♮-*do*), laquelle est commune à la tonalité naturelle de *ré*. — N'oublions pas que l'accord d'accompagnement, *sol*-*do*-*mi* ♭, est le complément harmonique de *fa*, qui, lui-même, est un dérivé de *sol* :

En dernier lieu, la tonalité naturelle de *ré*, entée sur celle de *sol* au grave, s'allie avec celle de *si* ♭, pour se fondre ensuite dans la tonalité franche de *sol*.

On comprend que les dispositions réelles de la mélodie et de l'harmonie d'accompagnement n'altèrent pas sensiblement ces diverses conjonctions de tonalités, et que les dessins mélodiques, dont il me reste à parler, ont été inspirés au Maître par le sentiment délicat qu'il avait de ces mêmes tonalités superposées à l'accompagnement.

J'essayerai, du moins, de l'expliquer en peu de mots.

Le sentiment de la tonalité de *mi* ♭ conjuguée avec celle de *sol* par le dérivé commun *fa*,

permet de concevoir le rameau harmonique dont *si* ♭ est le radical.

et, par conséquent, d'entendre le bourdonnement des dérivés *FI*, *SOL*, *LA* ♭, soit avec *MI* ♭, soit avec *SOL*, soit avec *SI* ♭.

Or, n'avoir que *SOL* au grave est élémentaire. L'imagination d'un Mozart pouvait égrener à la suite les premiers dérivés de ce *SOL*, sans perdre la faculté d'en tirer des étincelles :

Ici, le sentiment de la tonalité de *DO*,

conjuguée avec celle de *MI* ♭, par les dérivés communs *SOL*, *SI* ♭. a fait surgir dans la pensée du compositeur l'un des rameaux harmoniques *SOL-FA*, *SI*♭-*FA*,

dans lesquels *FA* se trouve exprimé, et lui a permis de broder une cadence, soit de *SI* ♭ en *MI* ♭, soit de *SOL* en *DO* mixte ou d'ordre composite :

Après quoi, la tonalité naturelle de FA s'est substituée à celles

de DO et de MI ♭, à l'aide des sons mêmes de l'accord d'accompagnement DO-MI ♭-SOL, qui, tous les trois, dérivent de FA (les deux
derniers sont en même temps ses radicaux) :

De telle sorte que, de dérivé qu'il était tout à l'heure par rapport à MI ♭, SOL et SI ♭, ce FA devient radical principal supposé :

En outre, deux de ses dérivés, LA et SOL, font naître mélodiquement, à la partie supérieure, le sentiment de la Dominante, LA, de
l'accord résolutif de RÉ, avec lequel accord celui de FA se marie
harmoniquement par le dérivé essentiel RÉ, qui est aussi le dérivé superflu de SOL :

Enfin, au-dessus du troisième accord d'accompagnement, —

lequel est mixte et représente ici plus particulièrement la tonalité
naturelle de RÉ, appuyée sur son radical essentiel SOL, — apparaît le
sentiment des tonalités conjuguées de RÉ et de FA, celle-ci accusée
par MI ♭ et DO, et simulant une cadence en SI ♭.

tonalité qui s'affirme parfaitement entre les deux parties supérieures formant le dessin mélodique :

Or les tonalités SI ♭, RÉ, FA, — conjuguées entre elles par leur
harmonique commun, DO, — tiennent chacune par deux points
essentiels à l'accord naturel de SOL :

SI ♭ y tient par RÉ-FA; RÉ, par RÉ-LA, et FA, par FA-LA.

Dès lors, la persistance de SOL à la partie grave cesse d'être un mystère, mais sans rien perdre de son autorité, ni de son ampleur :

Comment toutes ces combinaisons peuvent-elles, après avoir effleuré le tympan, produire presque instantanément sur le cerveau une impression qui permette à un simple musicien de tirer une clarté de ce chaos?

Ah ! cela, je l'ignore. Mais le simple musicien n'a qu'à s'appeler Mozart, et alors ces difficultés ne l'effrayeront plus. Le génie n'a que des ardeurs à apaiser, des entraînements à modérer, des témérités éblouissantes à maintenir dans des proportions mondaines.

REBER.

QUATRIÈME SYMPHONIE EN *SOL*.

La quatrième symphonie de M. Reber débute par deux accords d'un très-joli effet; mais ils sont contre les règles. Le délit est flagrant.

Au deuxième temps fort de la première mesure (*), l'accord parfait ou tonalité franche de *ré* subit une transformation connue sous le nom classique de quinte altérée; mais, en même temps, les cors et les altos donnent une *substitution majeure* MI, qui se trouve placée *au-dessous* de la note sensible FA ♯. Or les écoles recommandent d'éviter cela avec le plus grand soin comme étant d'un effet détestable, l'abomination de la désolation !

L'exemple ci-dessus condamne spirituellement l'intolérance des écoles. Par quel juge plus compétent la doctrine musicale pourrait-elle se flatter d'être mieux traitée ?...

Dans l'accord qui nous occupe, je vois les tonalités naturelles de *ré* et de FA ♯ conjuguées entre elles par leurs dérivés communs FA ♯ et MI :

l'une, *ré*, se porte sur SOL; l'autre, FA ♯, effectue aussi un mouvement régulier, en se résolvant sur SI, qui est son radical essentiel.

À la reprise du motif par le hautbois, cinquième mesure, les altos exécutent un mouvement descendant de septième mineure SI-DO ♯, qui peut, il est vrai, être assimilé à un mouvement ascendant de seconde majeure; mais ce qu'il présente de remarquable, de tout à fait anomal, c'est que le son ainsi attaqué, DO ♯, n'appartient pas le moins du monde à la gamme diatonique de SOL. On se demande, alors, comment le sentiment de la tonalité de SOL a pu permettre à l'auteur de trouver cette perle harmonique.

Ce n'est ni bizarre, ni très-compliqué; c'est, au contraire, de la plus grande simplicité, mais un peu au-dessus de l'ordinaire.

En effet, j'observe que *do* ♯ étant un des radicaux naturels de
si, le mouvement de septième mineure

est harmoniquement naturel, et que, indépendamment de cette
fonction spéciale, il simule une cadence de *la* en *ré* :

Or *la* est le dérivé superflu de *sol*, ce qui rend cette supposition très-rationnelle.

Ainsi le dessin des altos a pour effet de déterminer, de la cinquième mesure à la sixième, le sentiment des accords naturels de
la, *ré*, *si* et *mi*,

dont les trois premiers se conjuguent harmoniquement avec celui
de *sol*, puisque *si*, *ré* et *la* sont des dérivés de *sol*.

Quant à la tonalité de *mi*, elle vient, par le mouvement des
deuxièmes violons, s'associer à celle de *do*, qui se substitue, comme
tonique résolutive principale, à la tonalité de *sol*.

ROSSINI.

GUILLAUME TELL.

Prenons seulement quatre mesures dans la célèbre partition du
maestro ; et, dans ces quatre mesures, choisissons un seul et unique
accord, cet accord de *quinte augmentée* qui produit sur le violoncelle l'effet merveilleux que l'on sait.

O ciel ! Tu sais si Mathilde m'est chère.....

Quelle est donc cette merveille harmonique ?

C'est le résultat d'une combinaison fort simple entre la tonalité de *mi* ♭ et la tonalité de *sol*, qui sont adjacentes et conjuguées
par leur dérivé commun *fa* ♮ :

[1] Noter, en passant, cette appoggiature en *si* ♭, insérée dans l'accord parfait de *mi* ♭ :
preuve manifeste que l'on peut combiner directement entre elles les tonalités du premier et du cinquième degré diatonique.

formule harmonique qui signifie que FA est une sorte de facteur ou moyen proportionnel entre MI ♭ et SOL. En effet, SOL est le dérivé extrême (neuvième majeure) de FA, comme FA est le dérivé extrême de MI ♭ :

Mais hâtons-nous de laisser là cette géométrie rectiligne pour faire une amplification du sujet de Rossini, et passer à une analyse qui montre quelles ressources les jeunes compositeurs peuvent trouver dans la conception des tonalités conjuguées. Les professeurs verront aussi, je l'espère, que cette sorte d'amplification est bonne à proposer à ceux de leurs élèves qui font leur rhétorique au Conservatoire.

Au quatrième temps de la première mesure, je conçois le mouvement de Dominante à Tonique SOL-DO. Cette dernière tonalité se trouve alors conjuguée avec celle de MI ♭ au premier temps de la deuxième mesure. Au troisième temps, j'associe la tonalité de SOL à celle de MI ♭, puis celle de DO au quatrième temps.

Sur le mouvement mélodique MI ♭-RÉ, qui, au quatrième temps de la deuxième mesure, esquisse une transition en SI ♭, j'imagine

et j'exprime la tonalité de *fa*, avec d'autant plus de laisser-aller
que les sons *do*, *mi* ♭, *sol*, forment le complément harmonique dont
fa est précisément le radical. Après quoi, la cadence simulée *fa*-
si ♭ s'opère naturellement.

Aux premier, deuxième et troisième temps de la mesure suivante, la tonalité naturelle de *fa*, Dominante de l'accord qui précède, se pose d'elle-même. Je l'exprime sous la forme de triton,
puis, au triolet final, sous la forme de ses dérivés superflus, *mi* ♭,
sol, suivis de *ré*, auquel j'ajoute *fa*, pour dessiner la tonalité de
si ♭; puis de *do*, auquel j'ajoute *mi* ♭ pour figurer un accord de
dominante sur *fa*. Et, en effet, *fa* s'impose à l'imagination comme
Dominante de l'accord résolutif de *si* ♭, son mélodique qui ouvre
la quatrième mesure.

Prenant alors *si* ♭ pour base harmonique, je la développe avec
une partie de ses dérivés :

ce qui fait apparaître la cadence tonale en *mi* ♭; mais le Rhythme
impérieux me force à suspendre encore la résolution.

Je laisse passer *sol*.

A cette apparition, la Mélodie, dont les forces semblaient épui-
sées, se soulève et, dans cet effort suprême, laisse échapper un
cri aigu, *do*, qui est déchirant. Ému, que puis je faire? Si ce n'est
partager la douleur dont je suis témoin..... Cependant, la situation est critique; elle appelle une prompte résolution.

Or, *do* étant un dérivé de *si* ♭ et de *ré*, qui, lui-même, appartient à la tonalité franche de *sol*, je laisse les tonalités de *si* ♭ et
de *ré* se conjuguer entre elles. En se résolvant, elles donneront
d'elles-mêmes : l'une, *sol*, et l'autre, *mi* ♭. A ce prix, le calme re-
naîtra. Ce qui arrive; car, une fois la tonalité de *mi* ♭ rétablie, je

m'aperçois aussitôt que ce petit drame, palpitant d'intérêt, n'est qu'un rêve lilliputien.....

Nous savons tous par cœur le *Ranz des Vaches* :

mais, parmi les musiciens qui remarquent, dans ce morceau, les exceptions aux règles ordinaires de l'harmonie théorique, combien peu songent à expliquer ces licences ! On trouve plus simple de les attribuer au pur génie de l'auteur : ce qui est exact, en ce sens que Rossini a très-certainement perdu de vue les préceptes de l'école pour être tout entier à la situation dramatique, entrevoir le tableau des Alpes avec ses monts gigantesques et ses vallées profondes, les grands sapins penchés sur les abîmes, le torrent qui se rue au fond du précipice encombré de rochers, et le pâtre qui chante naïvement ses amours dans une trompe d'où s'échappent quelques sons misérables, mais empreints de toute la beauté du site, de toute la majesté de la solitude!.....

Assurément, l'explication à trouver n'aura pas la vertu, si merveilleuse qu'elle puisse être, de transformer instantanément un élève en maestro; elle éclairera, du moins, son intelligence, elle lui donnera la clef des combinaisons harmoniques, qui ouvre, en définitive, la carrière où il est impatient de s'élancer.

À la première mesure, *la*, son regardé comme étranger à l'accord d'accompagnement, est tout simplement un dérivé extrême de *sol* et essentiel de *ré*. Dès lors, rien de moins extraordinaire qu'il soit possible de passer immédiatement de *la* en *ré*, pour revenir à la tonique *sol*. Ce mouvement esquisse légèrement une cadence de la Dominante à la Tonique; et, comme les accords naturels de cette Tonique, *sol*, et de cette Dominante, *ré*, sont harmoniquement conjugués,

il n'y a véritablement pas lieu de s'étonner que la combinaison flatte l'oreille.

Si Rossini eût été pourvu d'un tact moins sûr, peut-être aurait-il lâché la bride à son imagination, qui se serait permis un luxe de dérivés parfaitement justifiables toujours,

mais manquant au moins d'à propos; car, si l'harmonie touffue est une belle chose en général, encore faut-il que la couleur locale n'y perde rien.

A la reprise du motif en mineur sur le deuxième degré diatonique *la*, même analogie pour la cadence simulée de *mi* en *la* :

mais alors, — et c'est là le point vraiment intéressant à étudier, — tandis que cette cadence naïve est reproduite trois fois de suite par la flûte, l'accompagnement, qui fait une transition sur la Dominante *ré*, offre à cette cadence les éléments harmoniques suivants :

la et *fa* ♯ sont engendrés l'un et l'autre par *ré* et par *si*. Or ce dernier son est le dérivé essentiel de *mi* qui, lui, se trouve au sommet de l'échelle harmonique de RÉ, dont chaque terme est, comme on le sait déjà, son radical naturel.

AMBROISE THOMAS.

—

HAMLET.

Scène et air d'Ophélie.

Il y a, dans ce passage, une hardiesse harmonique, à laquelle vient s'ajouter une élégance qui mérite d'être étudiée.

Et d'abord, deux accords de *septième Dominante*, qui se succèdent par degré chromatique, ne semblent-ils pas tout à fait impraticables? Ne sont-ils pas étrangers l'un à l'autre d'une manière absolue?.....

Mais, si je remplace SOL ♭ par son équivalent FA ♯, et LA ♭ par SOL ♯, j'aperçois aussitôt les rapports harmoniques ci-après :

MI ♮, quinte constitutive du premier accord,
est radical extrême et troisième dérivé de FA ♯, équivalent de SOL ♭.
- - dérivé caractéristique de...................... DO ♮.
—— premier radical de SOL ♯, équivalent harmonique de... LA ♭.

Puis, en assimilant DO ♯ du premier accord à RÉ ♭, j'en déduis immédiatement le rapport de quinte qui existe entre cet équivalent de DO ♯ et les sons LA ♭ et SOL ♭ du deuxième accord.

D'autre part, le son mélodique FA ♮, — qui occupe le sommet de cet *accord de septième*, LA ♭-DO-SOL ♭, — FA ♮

est radical essentiel de.......................... LA ♮,
— dérivé caractéristique de RÉ ♭, équivalent de......... DO ♯.
— troisième dérivé et radical extrême de............ SOL ♮;

conditions harmoniques très-suffisantes pour faire éclore FA ♮ dans la pensée du compositeur, mais auxquelles on peut ajouter deux autres qualités : en effet, FA ♮ est, avec RÉ ♭, un des dérivés et des radicaux extrêmes — septième supérieure et neuvième inférieure — de MI ♭.

Poursuivons :

En succédant à DO ♯, équivalent de RÉ ♭, DO ♮ simule une cadence de Dominante à Tonique, MI ♭-LA ♭ :

Je comprends, alors, que le sentiment de cette cadence fictive a dû déterminer la formule de cadence conjuguée :

et cela, d'autant mieux que FA est un dérivé commun à chacun des sons de l'accord naturel de MI ♭, de même que SI ♭ est un dérivé commun à tous les sons de l'échelle harmonique de LA ♭.

J'insiste sur cet accord dont la physionomie est vraiment digne d'attention; et, pour mieux faire pénétrer ma conviction dans l'es-

prit du lecteur, je ne craindrai pas de recourir à l'éloquence des-
criptive :

N'est-il pas exact de dire que, guidé par l'instinct musical, l'auteur de cet air poétique d'Ophélie a conçu *si* ♭, dérivé extrême
de *la* ♭; puis, que son imagination, s'appuyant sur ce dérivé, s'est
élevée jusqu'au son *fa*, qu'elle a détaché, avec *ré* ♮, du rameau
harmonique de *si* ♭, pour descendre en cadence (*cadere*) sur *mi* ♭.
degré plus rapproché de la base de *la* ♭, avec laquelle il se constitue en manière de socle.

La délicatesse de ce procédé communique à l'harmonie beaucoup de grâce. Rien ne s'opposait à ce que tous les dérivés de
la ♭ fussent entendus; mais l'accent d'un accord replet eût manqué
de distinction et gâté le style qui, là surtout, ne pouvait pas cesser
d'être d'une parfaite élégance.

Encore une ou deux simples observations :
Au début de la ballade : *Pâle et blonde,* .... *la Willis.* ....

le dessin mélodique exprime clairement la dérivation des sons *ré* ♯

et FA ♯, lesquels ont pour radical SI, dérivé constituant de l'accord naturel de MI :

Le son SOL ♮, qui vient à la suite et auquel on donne le nom d'*anticipation*, a été voulu par l'auteur du chant; mais cette volonté a eu pour cause déterminante la présence de SI et même de LA, dont SOL est le radical extrême et le dérivé de pénultième. N'oublions pas que l'accord mineur de MI est le complément harmonique du quatrième degré diatonique LA :

Si, dans l'*Air de valse*, nous prenons ce fragment mélodique :

une analyse harmonique des plus élémentaires nous fera voir :

1° Que les sons FA ♯ LA dérivent de RÉ, son non exprimé, mais qui est le premier dérivé de SI ♭ et le deuxième de SOL, c'est-à-dire le septième degré diatonique de MI ♭;

2° Que les sons *si* ♭. *ré* et *la* dérivent de *sol*, tierce caractéristique de la même tonique *mi* ♭.

Ce qui revient à dire qu'il y a cadences simulées, d'abord de *ré* en *sol*, puis de *sol* en *do*, d'où résulte, enfin, le sentiment de l'accord de *quinte et sixte*, *mi* ♭-*sol*-*si* ♭-*do*, à la chute de la période mélodique.

VERDI.

LE TROUVÈRE.

Ballade du 2ᵉ acte.

Les sons *si*, *la* (*). ne font point partie de l'accord formulé à l'accompagnement, et la mélodie est en *la* *triste*, tandis que l'harmonie qui la soutient est en *do gai* : nouvelle preuve que deux tonalités jumelles, mais rivales, peuvent marcher fort paisiblement côte à côte. — Veut-on savoir comment il se fait qu'un accouplement de cette sorte, ayant de prime-abord l'apparence d'une euphonie très-risquée, soit accepté par l'oreille comme chose toute naturelle et du meilleur goût?

L'explication coule de source :

si n'est-il pas un dérivé très-rapproché de *sol* et de *mi*? *la* n'est-il pas un radical de ces deux mêmes sons, et, en outre, le dérivé extrême de *sol*? Donc rien de plus simple que les sons *si*, *la*, quoique étrangers à l'accord d'accompagnement, aient pu venir à la pensée de l'auteur, et qu'ils puissent, avec le secours des seuls éléments générateurs *mi sol*, paraître agréables à l'oreille d'un dilettante, appréciateur très-poli toujours; mais une stalle d'orchestre aux Italiens oblige tout occupant à se montrer si délicat !

Au surplus, si, loin d'être blessé, l'organe est satisfait, cela tient aussi peut-être à la contexture de l'accompagnement. Il est à remarquer, en effet, que l'harmonie plaquée prend ici le caractère grave du plain-chant,

lequel demande à être soutenu, tandis que la mélodie demeure profondément émue.

Associer le caractère de la musique religieuse au sentiment dramatique, voilà ce qui était indiqué par la situation, et ce que Verdi a rendu avec une *maestria* superbe.

Un adolescent du Conservatoire, se croyant mieux inspiré encore, n'eût pas manqué, à la place du maestro, de modifier le chant et peut-être bien aussi l'accompagnement au troisième temps de la troisième mesure (**) :

Cet âge est sans pitié !..... sans expérience, veux-je dire. Il se fait l'esclave de la logique puérile et honnête, il est naïf jusqu'à la maladresse et au delà.

On remarquera la très-curieuse cadence *inverse*, *sol-fa*, de la quatrième à la cinquième mesure (***).

Prenons, dans le quatrième acte de la *Traviata*, encore une de ces innombrables combinaisons, dites exceptionnelles, qui se justifient d'ordinaire par *un mot*, auquel il convient enfin, ce me semble, de substituer *une raison*.

LA TRAVIATA.

Non lagrimo fiore avrà la mia fossa!.....

Comment ce *mi* (*) appoggiature, si parfaitement étranger à l'accord de *fa*, a-t-il pu se présenter à la pensée de l'auteur, puis, — ce qui est plus surprenant encore, — lui inspirer un accord de septième Dominante en *sol*, auquel *mi* est parfaitement étranger?

Rien de plus simple :

Ce *mi* a été inspiré par ses radicaux essentiels *do fa*, qui font partie du deuxième accord, et, s'il a pu être exprimé en même temps que les sons *sol si fa*, c'est qu'il est, avec *sol*, le radical le plus direct de *si*.

Quelques variantes ne nuiront pas au froid raisonnement qui précède :

On comprendra sans peine que la muse qui inspire Verdi dissimulerait la pauvreté de ces variantes; elle leur donnerait ce cachet de distinction *appassionata* qui est le privilége des compositeurs dont l'Italie a le droit d'être fière.

Dramatique surtout et par excellence, l'École italienne, · — cette *Diva* de l'art du chant, toute constellée d'appoggiatures étincelantes. — m'invite à puiser la plupart de mes emprunts dans son répertoire. Cet honneur dépasserait de beaucoup la portée de mes observations; mais, si j'avais à citer les fragments d'opéras italiens qui me paraissent avoir atteint le *summum* du beau, je n'hésiterais pas à donner la palme au *Quatuor de Rigoletto*.

Quant à l'École proprement dite, son éloge est sur les lèvres de tous ceux qui ont le sentiment du lyrisme le plus abondant, le plus chaud, le plus *à effet*. Je sais très-bien que cette manière de voir n'est pas universellement partagée. Mais, si du goût et des couleurs il ne faut point disputer, doit-on se conformer sans réserve au goût de personnes qui, faute d'avoir jamais soupçonné que la mélodie pouvait être, ce qu'elle est effectivement, le résultat de combinaisons *harmoniques* nées dans le cerveau du compositeur, ne voient pas ce qu'il y a de puéril à donner le titre de *simples mélodistes* aux compatriotes et successeurs des Jomelli, des Cimarosa, des Paësiello et des Spontini, c'est-à-dire à Rossini, à Bellini, à Mercadante, à Donizetti, l'auteur de *la Favorite*, et à Verdi, qui porte si noblement, et presque à lui seul aujourd'hui, le poids de toutes ces grandes réputations.

D'ailleurs, que sont devenues les trois Écoles traditionnelles?

Que sont devenues ces rivales d'autrefois, d'un caractère fort différent, mais qui aspiraient au sublime avec la même ardeur, mais
douées l'une et l'autre de la plus exquise sensibilité, d'une voix
passionnément éloquente, qui ne cesse de charmer alors même
qu'elle se répand en imprécations ou qu'elle s'exhale en soupirs?
Que sont-elles devenues ces sœurs ennemies dont chacune préten-
dait jadis personnifier la beauté parfaite? Seraient-elles à l'abri des
séductions de tout genre que leur offrent nos moyens de communi-
cation rapide? Je ne le crois pas. Elles se réuniront, cela ne fait pas
l'ombre d'un doute. Nous les verrons bientôt former un groupe
statuaire, et, à l'exemple des trois Grâces, se donner fraternelle-
ment la main.

Et ce jour-là, — Maîtres qui recevez les confidences les plus
intimes de l'Harmonie, — ce jour-là... Qui sait? Peut-être dai-
gnera-t-on accorder à votre génie le pouvoir de contribuer, si peu
que ce soit, au rapprochement des peuples... que séparent encore
tant et de si sauvages rivalités!

RICHARD WAGNER.

LOHENGRIN.

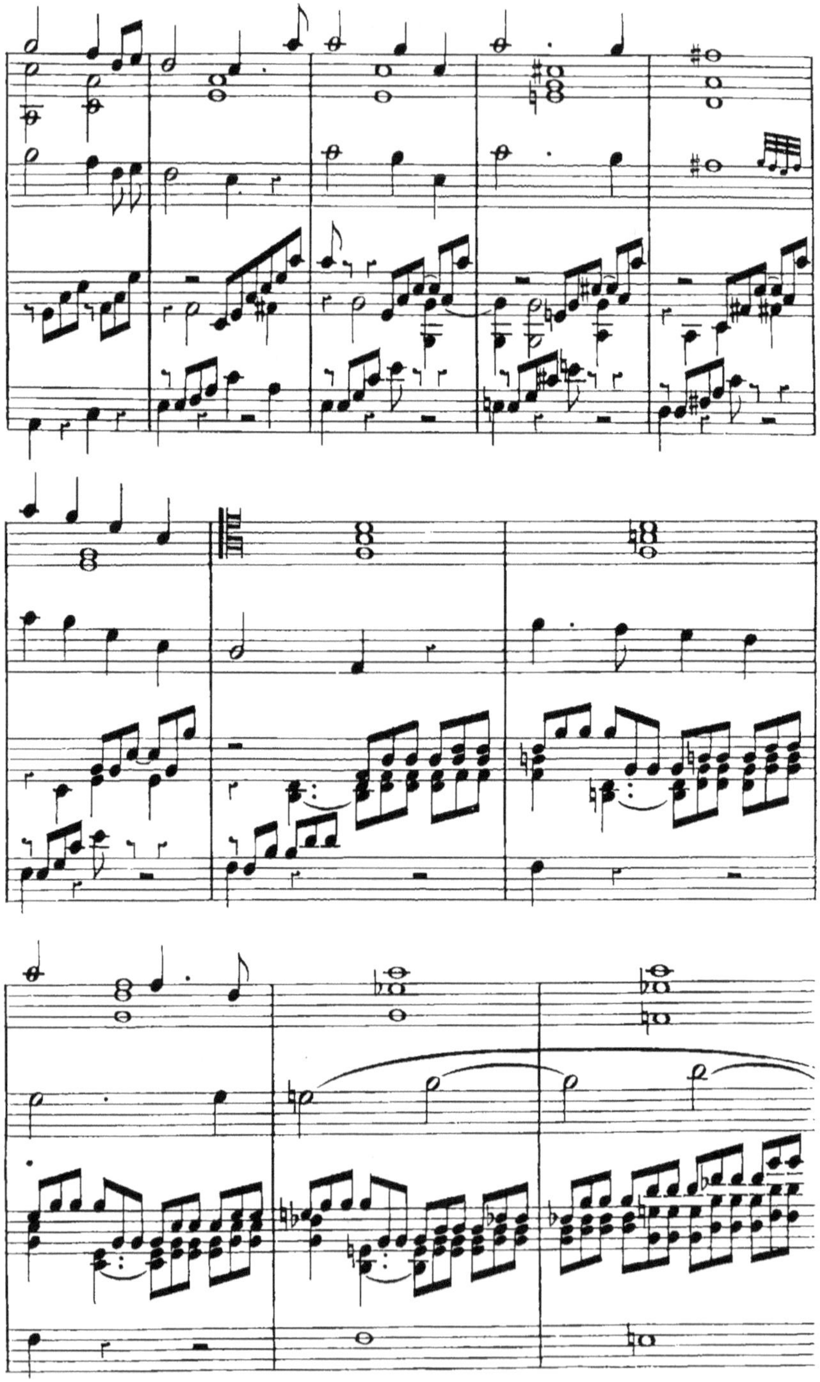

Le motif du soprano, — rôle d'Elsa, — est attaqué sur l'avant-dernière mesure du chœur qui précède, c'est-à-dire que *sol* ♮, septième de *la*, se transforme en neuvième de *fa*. Et, comme l'effet de cette transition est incontestablement agréable, on voit que *sol* sert précisément de lien harmonique pour conjuguer les tonalités de *la* et de *fa*.

J'ai interrompu la mélodie, je le regrette à certains égards, mais c'est de combinaisons harmoniques d'ensemble que je veux m'occuper ici plus particulièrement.

A ce sujet, comment expliquer l'euphonie résultant de la rencontre des sons *ré* et *si* ♮ avec *la*, dans ce passage?

Toujours par le même procédé analytique.

Ré et *si* ♮ représentent avec *sol*, leur radical commun, non exprimé, une cadence en *do*, tandis que la tonalité franche de *fa* se développe successivement :

de telle sorte que *si* ♭, à la partie de chant, coïncide avec *do*, à la basse, et que ce rapprochement détermine le sentiment précis d'une cadence de *do* en *fa*; et cela, par l'organe de *sol*, dérivé commun de chacun des sons *fa*, *la*, *do*.

Les deux mesures qui viennent à la suite

offrent la même combinaison, ou, du moins, une combinaison analogue.

Les sons *fa* et *ré* représentent avec *sol*, — dérivé essentiel de
do, son articulé à la basse, — une cadence en *do*, ou, avec *si* ♭,
autre dérivé de *do*, une cadence en *mi* ♭, tandis que la tonalité
naturelle de *fa* continue à se développer; si bien que *mi* ♭, son troisième dérivé, est articulé en même temps que *ré* à la partie de
soprano. Mais ce *ré* se combine, par son radical essentiel *sol*, avec
chacun des dérivés de *fa* :

il se rattache, en outre, à *mi* ♭ par *si* ♭, son premier radical.

Aux deux mesures qui viennent à la suite,

la tonalité naturelle de *la* succède à la tonalité mixte de *do*, complémentaire de celle de *fa* :

ce qui justifie directement l'emploi de *la* ♮ comme appoggiature.

Cette même appoggiature s'explique, deux mesures plus loin, par la cadence figurée RÉ-SOL, puisque SOL est dérivé caractéristique de MI ♭ en même temps que radical essentiel de RÉ :

La conclusion de ce morceau, très-largement écrit, fournit matière à une observation qui offre beaucoup d'intérêt, en ce qu'elle me permet d'analyser un fait harmonique très-remarquable, dont aucune méthode, à ma connaissance, ne pourrait rendre compte d'une manière satisfaisante, si ce n'est à l'aide des vocables usités dans les cas embarrassants.

Je veux parler de ce FA, — en pédale *pizziccata* pendant trois mesures, puis en pédale réelle à la quatrième mesure, — qui, à la cinquième, se dérobe et disparaît pour faire place à MI ♮, l'un des sons de la Mélodie et de son accompagnement direct :

Voici comment j'explique le fait.

A la deuxième et à la troisième mesure de cette tenue en pédale, le dessin mélodique associe la tonalité de SOL à celle de DO et de MI ♭, c'est-à-dire qu'il y a à la fois cadence de SOL en DO et transition latérale de SOL à MI ♭ :

En effet, SOL est le dérivé de MI ♭ et de DO, et l'ensemble de ces trois sons constitue la tonalité mixte de *do*, complémentaire de celle de *fa*, ainsi que nous l'avons déjà dit.

A la mesure suivante, les deux tonalités de *mi* ♭ et de *do* restent conjuguées, mais seulement par leurs dérivés, savoir : *mi* ♮-*sol*-*si* ♭ pour la tonalité de *do*, et *sol*-*si* ♭-*ré* ♭ pour celle de *mi* ♭. Or *do* et *mi* ♭ ont pour radical commun *fa*. D'où il suit que ce dernier son produit une dissonance qui a sa logique raison d'être, et dont il nous est possible de saisir le rapport harmonique, puisqu'il est dans la nature.

Mais la combinaison harmonique de *do* et de *mi* ♭ est évidemment plus simple, plus accessible à notre intelligence musicale, quand la tonalité de *fa* ne s'y trouve pas associée.

Donc, rien de plus naturel que le son *fa*, à la basse, s'évapore et soit remplacé par *mi* ♮ à la mesure qui suit.

Je m'arrête. Il n'est pas nécessaire d'insister pour faire comprendre qu'il y a plutôt abondance que disette de combinaisons hardies dans l'œuvre de M. Wagner. Mais peut-être étonnerai-je un grand nombre de mes compatriotes, en plaçant sous leurs yeux de l'harmonie à la fois très-touffue et très-bien ordonnée. — Telle langue, telle musique au théâtre.

Que l'on préfère la *Dame Blanche* ou même une simple cavatine bien réussie à un grand opéra, à une symphonie avec chœurs, c'est affaire de goût ; et le goût tient quelque peu à l'éducation musicale. Mais, si notre tempérament nous porte à préférer ce qui est limpide et conçu sans effort à ce qui est surchargé de détails minutieux et compliqués ; si tout ce qui est profondément fouillé nous paraît obscur, s'ensuit-il que nous ayons raison de dire, en parlant d'un homme de mérite au-dessus de l'ordinaire : « Grand artiste ! « c'est possible. Toujours est-il que sa psychologie musicale nous « torture, sans circonstances atténuantes... ? »

Avec un peu moins d'esprit pour rire, nous serions plus justes, et, tout en conservant nos préférences pour le pur lyrisme, tel qu'il est compris de Paris à Naples, nous ferions meilleur accueil aux beautés d'un autre caractère.

WEBER [1].

L'INVITATION À LA VALSE.

Considéré à part, c'est-à-dire abstraction faite de l'accompagnement et du rhythme, le fragment mélodique

accuse particulièrement la tonalité de FA. Les radicaux élémentaires de cette mélodie tronquée sont donc : FA pour le premier son, et DO pour le deuxième. Or DO, premier radical de MI ♮, est un dérivé de LA ♭ et de FA, lesquels ont pour radical commun RÉ ♭ :

Mais MI ♮ a encore pour radical LA ♮ ; et la tonalité de LA ♮ se

---

[1] Je sais qu'il n'est pas démontré que l'auteur du *Freyschütz* soit le vrai père de ce chef-d'œuvre poétique. Mais l'un est digne de l'autre.

combine naturellement avec celle de *fa*, puis avec celle de *do* ♯,
équivalent de *ré* ♭ :

Remarquons, en outre, que *la* ♮ est l'équivalent de *si* ♭♭, premier radical de *ré* ♭ :

On conçoit, dès lors, que l'auteur de l'*Invitation*, se représen-
tant un couple emporté par le tourbillon de la valse, ait été entraîné lui-même à exprimer cette *situation*, en conjuguant les deux
tonalités de *ré* ♭ et de *fa*, ou de *ré* ♭ et de *la* ♮ :

Le phénomène s'est produit à l'insu du compositeur, mais il s'est
produit.

Ainsi, entre les parties extrêmes, la mélodie et la basse, il y a
une dualité manifeste, un dessin d'une expression frappante et dé-
licieuse. Ce *mi* ♮, si étranger à la tonalité de *ré* ♭, est une inflexion
à peine osée, d'une grâce toute juvénile et tout à fait dans le rôle
d'une jeune fille timide et tendrement émue.

A la basse, les sons de l'accord franc de *ré* ♭ sont articulés avec
une ardeur contenue mais toute virile. Cette tonalité, nettement
affirmée, domine la tonalité de *fa*, dont le pied mignon effleure
à peine le parquet.

Tout cela est d'un relief saisissant. On ne perd pas un mot du discours mélodique, bien que chaque syllabe soit entrecoupée de soupirs éloquents.

et que l'attention soit en même temps appelée, et par les attitudes de la basse, et par le chœur des parties intermédiaires. Il y a là, dans tous les cas, une mise en scène arrangée de main de maître.

Dans le fragment mélodique faisant suite au précédent,

SOL ♮ est un dérivé de MI ♭ et de DO, lesquels ont pour radical commun LA ♭ :

Ce SOL ♮ donne la sensation d'une cadence entre Tonique et Dominante. LA ♭-MI ♭-LA ♭. Aussi la basse fait-elle ce mouvement même :

Cette dualité est encore plus frappante dans le passage que voici :

Ne voyez-vous pas dans cette double mélodie, — l'une à la
basse, l'autre à la partie supérieure, — deux tonalités distinctes,
étroitement conjuguées : *sol* ♭ et *si* ♭ d'abord, puis *fa* et *la* ♮, dérivés des Dominantes respectives de *sol* ♭ et de *si* ♭ ?

Et n'est-ce pas là l'explication rigoureuse, l'explication logique
et artistique tout à la fois de l'accord de *quinte augmentée?*

Reconnaissons donc, une fois pour toutes, que la pratique de
l'art musical développe les facultés créatrices, au point que la pensée du compositeur peut, comme celle de l'orateur, se diviser et
se subdiviser. Et, puisqu'un musicien parvient à écrire une *Invitation à la Valse*, des duos, trios, quatuors, septuors et autres scènes
lyriques avec chœur et double chœur, ayons la sagesse de croire
que le maître fait tout simplement chanter ses personnages en conséquence, et que l'art qu'il dépense pour arriver à cette fin consiste
beaucoup moins à écrire son morceau en *ré* ♭, qu'à écrire plusieurs
rôles dont l'ensemble soit harmonieux.

Veut-on un dernier exemple qui démontre sans phrases la valeur réelle de l'opinion musicale que je soutiens, et qui prévaudra,
je l'espère?

Écoutez cette *note de passage* ou *d'agrément*, si ce n'est une *appoggiature* ou une *anticipation* ou quelque autre chose encore.
Écoutez ce *mi* ♮ que je prétends maintenir, sur lequel va se greffer
une transition harmonique, bien que ce *mi* ♮ soit regardé comme
un tronc d'arbre dépourvu de racines, privé de séve et ne pouvant
pas communiquer la vie. Écoutez, et dites ensuite si la volonté,
si la personnalité de l'artiste n'est absolument pour rien dans le
phénomène musical; si les lois de l'harmonie sont telles, qu'il faut
en subir l'autorité sans murmure, sans examen, avec la plus éner-
vante humilité jusqu'à la fin des siècles.

(*) Ce *mi* ♮ n'a aucun radical exprimé dans la mesure; mais *la* ♭,

équivalent de *sol* ♯, permet de concevoir l'accord naturel qui caractérise la tonalité résolutive de *la* ♮ :

Or *do* ♯, premier dérivé de *la* ♮, a pour équivalent *ré* ♭. son
qui se trouve ainsi maintenu réellement, et qui sert de point d'attache entre la tonalité franche de *ré* ♭ et la tonalité composée de
la ♮.

DE L'ENSEIGNEMENT PRATIQUE

LA MÉTHODE EXPOSÉE DANS CET OUVRAGE.

———

Après avoir expliqué au jeune harmoniste que tel accord a reçu tel nom en raison de tels ou tels intervalles qu'il renferme, on lui démontrera, avec preuves à l'appui, au piano, que les sons de cet accord jouissent d'une indépendance parfaite, c'est-à-dire que chacun d'eux peut, au besoin, servir d'élément de transition sans avoir égard au ton dans lequel se présente l'accord.

Que si, au lieu de vouloir moduler, on tient à *rester dans le ton*, il faut, au contraire, considérer chacun des sons au point de vue spécial de son attache, de sa dépendance tonale, ainsi que cela s'est pratiqué et se pratiquera de tout temps. Cette dépendance tonale pourra donc être toujours invoquée comme un principe *conventionnel* excellent, comme un des moyens les plus rationnels de donner de l'unité au discours musical ; mais, je le répète, il ne faut pas perdre de vue que le principe *absolu* de l'harmonie est souverainement créateur de combinaisons qui nous excitent plutôt à nous affranchir du joug de la gamme diatonique qu'à le subir.

Soit donné un accord de *quinte diminuée* sur la Dominante *sol*, suivi de l'accord de Tonique parfait ou renversé et simple ou composé :

on peut, sans grand dommage pour l'instruction de l'élève, conti-
nuer à dire qu'il y a là un accord de *septième dominante* dont la
quinte est *altérée*, et rien de plus, sinon que l'altération est dite
descendante dans ce cas particulier et ascendante dans le cas où
ré ♭ serait remplacé par *ré* ♯ :

Il est bien évident, ici, que l'accord naturel de *sol* absorbe l'attention de l'oreille et que, par suite, on ne doit voir dans l'altération ascendante ou descendante de *ré*, deuxième dérivé de *sol*,
qu'une nuance, un souffle, un murmure, un léger mouvement mélodique interne.

Mais, si l'accord résolutif est, soit en *la* ♭, soit en *mi* ♮ simple ou
composé,

il faut déroger aux vieilles habitudes de l'enseignement, il faut
laisser de côté la dénomination tout à fait plastique, incolore et
sans vie, d'accord de septième Dominante *avec quinte altérée, augmentée* ou *diminuée* : manière de parler plus qu'insuffisante, car, si
elle frappe les yeux, elle apprend fort peu de chose à l'oreille d'un
étudiant en harmonie.

Nous dirons donc, pour la première transition, en *la* ♭. que
l'accord pénultième est un composé incomplet des résonnances naturelles de *sol* et de *mi* ♭, savoir : *sol-si-fa* pour le radical *sol*,
et *sol-ré* ♭-*fa* pour le radical *mi* ♭ non exprimé; lesquels radicaux
ont leur résolution positive, puisque *do*, résolutif de *sol*, et *la* ♭,
résolutif de *mi* ♭, font partie intégrante du deuxième accord.

Pour la transition en *mi* ♮, nous ferons observer que l'accord pénultième est une combinaison incomplète des accords naturels de *sol* et de *si*, savoir : *sol-si-fa* pour le radical *sol*, et *si-ré*♯ pour le radical *si*; lesquels sons radicaux ont leur résolution effective, l'une directe, *si-mi*, l'autre latérale ou conjuguée, *sol-si* : l'élément fixe de transition étant *si*, facteur commun aux trois accords naturels de *sol*, de *si* et de *mi*.

S'agit-il de passer du même accord naturel de *sol* à une des formes de l'accord naturel de *ré* ♭, pour déterminer ensuite l'accord franc de *sol* ♭?

Nous dirons que *fa* et *si* ♮, équivalent de *do* ♭, sont des dérivés communs à *sol* ♮ et à *ré* ♭, et qu'alors la cadence de Dominante à Tonique *ré* ♭-*sol* ♭ est aussi simple à concevoir qu'elle est facile à réaliser, attendu que *ré* ♭, qui est fixe, sert de pivot à cette transition.

Veut-on donner une explication réelle et profitable. c'est-à-dire vraiment artistique, d'accords tels que ceux-ci?

Loin de se servir des expressions puériles de *retard* du deuxième son ou de *prolongation* du premier, — car, en parlant ainsi, on ne

va pas au delà d'une simple constatation de fait, — je crois qu'il
est infiniment préférable de disséquer l'accord, si l'on peut s'exprimer de la sorte, de diviser les parties dont il se compose, et
de mettre à nu le muscle harmonique.

Or, au début de l'exemple que nous avons sous les yeux, *do*
n'est-il pas un dérivé naturel de *ré*, et la cadence particulière de
Dominante à Tonique, *ré-sol*, ne se trouve-t-elle pas implicitement
résolue dans l'accord fractionné?

Plus loin, la cadence *sol-do* n'est-elle pas résolue mentalement
dans l'accord parfait renversé de Tonique, dont le son *ré* est le dérivé commun?

Enfin, au début de la troisième mesure, *sol*, qui est un dérivé
de *fa* et de *la*, ne permet-il pas l'amalgame de ces deux accords.
ad libitum; de telle sorte que la cadence *la-ré* est manifestement
contenue dans ce groupe harmonique, tandis que la cadence de *fa*
s'y trouve encore à cheval?

Je ne m'étendrai pas davantage.

Les harmonistes consommés reconnaîtront, je l'espère, que cette manière de procéder permet à l'élève de saisir sans difficulté la méthode à suivre pour s'assimiler rapidement les secrets de l'art. Craindrait-on que cette fièvre d'harmonie galopante ne fût pas sans danger? Le professeur soignera cela; c'est son affaire. Il mettra l'élève au régime sévère de la tonalité persistante; seulement, ce sera beaucoup plus à titre de calmant que comme régime favorable au développement des facultés créatrices de l'artiste, toujours impatient de secouer le joug.

Précisons :

La tonalité est la trame, l'élément essentiel du discours ou du tableau musical. Le rhythme vient après; c'est l'accessoire important, sans doute, souvent même indispensable, mais pas d'une manière absolue : car une suite d'accords peut très-bien être expressive sans le secours du rhythme.

Soit que l'on procède par l'harmonie ou la mélodie, le but principal est de dégager une tonalité, gaie ou triste, lumineuse ou sombre, puis de la faire prédominer. On peut toucher à une foule d'autres tonalités, mais, pour le musicien comme pour le peintre, il y a nécessité de faire régner sur l'ensemble de la composition un ton général, afin de fondre entre elles toutes les parties du tableau.

L'étude de l'harmonie diffuse ou mélodie, — si complétement négligée, parce qu'on suppose que celle-ci est une abstraction échappant à toute analyse, — l'étude de la mélodie, disons-nous, doit faire partie du programme de l'enseignement, surtout aujourd'hui que l'harmonie plaquée est si loin de suffire à nos goûts raffinés. L'art de développer, de varier et d'agrémenter un thème mélodique n'est pas un pur don de la nature, c'est aussi le résultat d'observations très-réelles, mais dont il ne reste pas trace dans l'imagination. Nous parvenons à composer une phrase mélodique de la même manière que nous arrivons à construire une phrase parlée; et, si l'on rencontre des gens fort peu lettrés qui s'expriment avec beaucoup d'éloquence, de clarté et même de correction, il est incontestable que, loin de nuire jamais aux dispositions naturelles les plus heureuses, l'éducation leur communique cette force attrayante qui est à la grâce ce que la grâce est à la beauté.

Avant toutes choses, ou, du moins, avant de parler d'harmonie écrite, il serait sage de s'assurer que les élèves savent *chanter mentalement*, ne fût-ce que des accords de deux sons. Un professeur d'harmonie ne doit jamais courir le risque de faire des frais d'éloquence devant des sourds..... A ce point de vue, et comme exercice souverainement utile, pour ne pas dire indispensable à l'éducation harmonique de l'oreille, je recommande le *chant* des simples intervalles ou des accords touffus les plus vocalisables, soit en chœur, soit isolément, c'est-à-dire selon qu'il s'agit d'un cours suivi par plusieurs élèves ou par un seul.

Que l'on tienne à respecter les mots consacrés par le temps, comme par le mérite des théoriciens qui les ont adoptés ou par la valeur personnelle des professeurs qui croient devoir en conserver l'usage ;

Qu'il paraisse toujours convenable d'appeler *substitution mineure* un son qui, en réalité, est le produit d'une combinaison harmonique double ;

Que l'on persiste à dire *prolongés* et *altérés* des sons qui peuvent, à volonté, devenir essentiels et servir de points d'appui pour opérer une transition ;

Que l'on trouve gracieux le pseudonyme d'*appoggiature* donné à un groupe de sons très-légers sans doute, mais aussi très-harmoniquement engendrés ;

Que l'expression vénérable de *pédale* soit religieusement conservée aux formules qui contiennent une harmonie persistante, si vaillamment employée au théâtre : certes, malgré le peu de soli-

dité d'un tel système et les inconvénients qui en résultent, il y
aura toujours des élèves dont le talent se développera quand même,
d'une manière satisfaisante ou surprenante. Est-ce à dire qu'il soit
bon de maintenir l'enseignement sur cette base fragile, sur cette
apparence de socle suspendu dans le vide?

Ce qui est bon, c'est, — je le répète, — de renoncer, une fois
pour toutes, à donner des mots pour des raisons.

Aussi bien, dès le début de leurs études, tout en s'astreignant
à une marche progressive, les élèves ne soupçonnent-ils pas que
l'art doit offrir au compositeur accompli d'autres ressources que
celles qui leur sont révélées par un enseignement collectif, méthodique et obligatoirement restreint? Du moins ils finissent par s'a-
percevoir que celui-là seul parvient à posséder un rare talent, qui
ne se contente pas de fréquenter les sentiers battus.

Et maintenant, invitons avec respect les directeurs de ces grandes
écoles, où toutes les branches de l'art sont d'un accès facile et
agréable, à ne plus permettre aux jeunes gens de l'un et de l'autre
sexe de quitter un de nos Conservatoires, après plusieurs années
d'études vocales ou instrumentales, sans savoir le premier mot de
l'harmonie, et de promener cette impardonnable faiblesse du nord
au midi ou de l'est à l'ouest, sous le joli prétexte que le talent de
l'artiste est seul recherché, seul aimable, partant seul nécessaire :
affirmation qui n'est pas seulement une hérésie, mais une erreur
grosse d'inconvénients de toutes sortes.

Le premier de ces inconvénients, et le seul qu'il soit à propos
de signaler ici, c'est de priver l'artiste de connaissances très-utiles,
qui ne peuvent que fortifier son talent et même ajouter du charme
aux dons naturels les plus précieux. En effet, s'agit-il d'exécuter
un concerto ou de vocaliser un *point d'orgue?* Autre chose est de
s'en tirer avec la dextérité d'un prestidigitateur ou avec l'habileté
d'un artiste intelligent, c'est-à-dire passionné et convaincu.

On ne se persuade pas assez, en général, que l'art a besoin

d'être nourri d'études substantielles. Bien mieux, on le conteste.
on le nie d'une manière absolue.

Cependant on admet volontiers que la science de la perspective
ne nuit pas au goût de l'architecte appelé à construire un théâtre
lyrique, et qu'elle ne gâte pas davantage le talent du peintre chargé
de décorer le plafond de la salle.....

Espérons donc que le jour n'est pas éloigné où aucun élève sor-
tant du Conservatoire, aucun élève pianiste principalement, n'osera
avouer qu'il ignore les premières notions de l'harmonie.

Espérons aussi que l'on ne verra plus nulle part un artiste assez
disgracié de la nature pour se figurer que le talent dispense d'avoir
l'esprit cultivé. Ne nous laissons pas éblouir par le rayonnement de
l'Art. Soyons les premiers à reconnaître que l'étude des gammes et
autres exercices élémentaires ne développe guère l'intelligence, et
que l'intervention trop exclusive du sentiment dans le jeu de nos
facultés peut n'être pas sans inconvénients. Disons bien haut, enfin,
que plus le talent approche de la perfection, plus le moindre défaut
chez l'artiste fait mal à voir.

Mais, d'ailleurs, quels sont les véritables artistes qui ne voient
pas un écueil dans l'excès du sentimentalisme, et qui, sous le prétexte frivole que toute science nuirait à l'homme d'imagination,
soient assez vains pour négliger d'acquérir quelques-unes des connaissances qui dirigent, sans l'affaiblir, la force ascensionnelle de
l'esprit humain vers le beau?

Suis-je parvenu à démontrer que, *dans tout accord, un son peut
toujours être isolé par la pensée et devenir ainsi l'élément générateur d'une
nouvelle combinaison harmonique?* Je le crois. Et, après les confé-
rences que MM. Ambroise Thomas, Félicien David, Reber, V. Massé,
Fétis, Gevaert, Bazin, et plusieurs autres praticiens ou théoriciens
non moins sérieux, m'ont accordées en 1869; après les témoignages

que j'ai recueillis à la suite de ces discussions reposant sur des faits,
dont les uns étaient exposés dans ce manuscrit, et les autres réalisés au piano, séance tenante, il m'est permis d'espérer que les
personnes qui ont à cœur le rapide progrès des études musicales
s'apercevront que l'enseignement pratique de l'Harmonie doit, sous
tous les rapports et de toute évidence, gagner beaucoup à s'appuyer sur un principe fixe, simple, absolument vrai, c'est-à-dire
s'appliquant avec une remarquable précision à toutes les successions phonétiques, à toutes les combinaisons musicales imaginables.

ANNEXES.

DÉRIVÉS ET RADICAUX

D'UN SON ET DE SES HARMONIQUES

INFÉRIEURS ET SUPÉRIEURS.

DÉRIVÉS DE SOL.

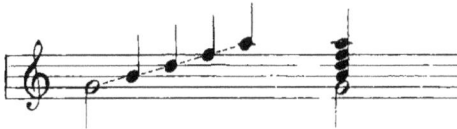

RADICAUX DES DÉRIVÉS.   DÉRIVÉS DES DÉRIVÉS.

RADICAUX DE SOL.

DÉRIVÉS DES RADICAUX.   RADICAUX DES RADICAUX.

DÉRIVATION GRAPHIQUE

SONS DE LA GAMME DIATONIQUE ASCENDANTE.

SOL — quatrième radical de LA : SOL SI RÉ FA LA.

LA — quatrième radical de SI : LA DO ♯ MI SOL SI.

SI — dérivé de SOL et de MI : SOL SI . . . et MI SOL ♯ SI . . .

SOL et MI dérivés de DO : DO MI SOL . . .

DO — quatrième radical de RÉ : DO MI SOL SI ♭ RÉ.

RÉ — quatrième radical de MI : RÉ FA ♯ LA DO MI.

MI — dérivé de DO et de LA : DO MI . . . et LA DO ♯ MI . . .

DO et LA dérivés de FA : FA LA DO . . .

FA — quatrième radical de SOL : FA LA DO MI ♭ SOL.

RELATION HARMONIQUE

ENTRE LES SONS DE L'ACCORD PARFAIT SUR LA TONIQUE

ET CEUX DE L'ACCORD NATUREL DE LA DOMINANTE

CONSIDÉRÉS SOIT COMME DÉRIVÉS, SOIT COMME RADICAUX.

SI RÉ FA LA — dérivés de SOL : SOL SI RÉ FA LA.

SI et RÉ —- dérivés de MI : MI SOL♯ SI RÉ FA♯.

SOL et RÉ — dérivés de DO : DO MI SOL SI ♭ RÉ.

MI et SOL — dérivés de LA : LA DO♯ MI SOL SI.

DO et SOL — dérivés de FA : FA LA DO MI ♭ SOL.

DO et MI -— dérivés de RÉ : RÉ FA♯ LA DO MI.

DÉRIVATION DE LA GAMME CHROMATIQUE.

En réunissant au plus près tous les dérivés de l'accord naturel d'un son, *do*, on a la série chromatique suivante, qui laisse dans toute sa pureté le triolet diatonique *DO-RÉ-MI* :

L'ensemble des dérivés de l'accord naturel de *sol* donne, de même, une série chromatique non interrompue, sauf le triolet diatonique *SOL-LA-SI* :

Avec ces deux séries, la gamme chromatique est parfaite.

Par ses seuls dérivés, la quinte, *do-sol*, possède donc une propriété harmonique considérable.

DÉRIVATION SIMULÉE

D'ACCORDS SE SUCCÉDANT PAR MOUVEMENT CHROMATIQUE.

———

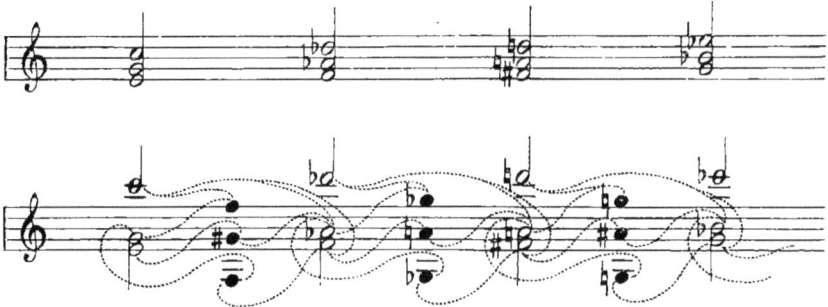

FA —— radical de DO et de SOL, et dérivé de SOL;

LA ♭ —— radical de DO et dérivé enharmonique de MI ♮;

RÉ ♭ —— radical commun aux sons FA et LA ♭.

FA ♯ —— radical enharmonique de RÉ ♭ et LA ♭, et dérivé de LA ♭;

LA ♮ —— radical enharmonique de RÉ ♭ et dérivé de FA;

RÉ ♮ —— radical commun aux sons FA ♯ et LA ♮.

SOL —— radical de RÉ ♮ et de LA ♮, et dérivé de LA ♮;

SI ♭ —— radical de RÉ ♮ et dérivé enharmonique de FA ♯;

MI ♭ —— radical commun aux sons SOL et SI ♭.

ANALYSE GRAPHIQUE

DES PRINCIPALES APPOGGIATURES SIMPLES.

DÉVELOPPEMENTS

DONNÉS À L'ANALYSE DE QUELQUES APPOGGIATURES.

———

Page 56.

L'appoggiature double

a pour radical direct LA . . . . .

Toutefois les sons MI, SOL, ont en même temps pour radical DO ♮, dérivé essentiel de FA *et radical essentiel* de SOL :

Page 58.

L'appoggiature double

a pour radical direct MI, et pour radicaux fictifs SI et SOL ♮; et ces deux derniers sons, qui dérivent au même degré de MI et de DO. sont, en outre, dérivés *et radicaux* extrêmes de LA :

Page 59.

Cette appoggiature, — *qui est le produit harmonique plus direct des* sons LA, DO ♮, *considérés comme* RADICAUX *de* SI *et de* RÉ,

—— prend donc bien sa source dans le sentiment des deux accords naturels de LA et de DO . . . .

RAPPORTS HARMONIQUES FIGURÉS.

MOUVEMENT SIMULTANÉ DE DEUX SECONDES MINIMES OU CHROMES
MI ♮–*MI* ♭ ET *MI* ♭–*RÉ* ♮.

ACCORDS NATURELS DE *RÉ* ET DE *MI* CONJUGUÉS MÉLODIQUEMENT
PAR CADENCES DE *MI* EN *LA* ET DE *LA* EN *RÉ*.

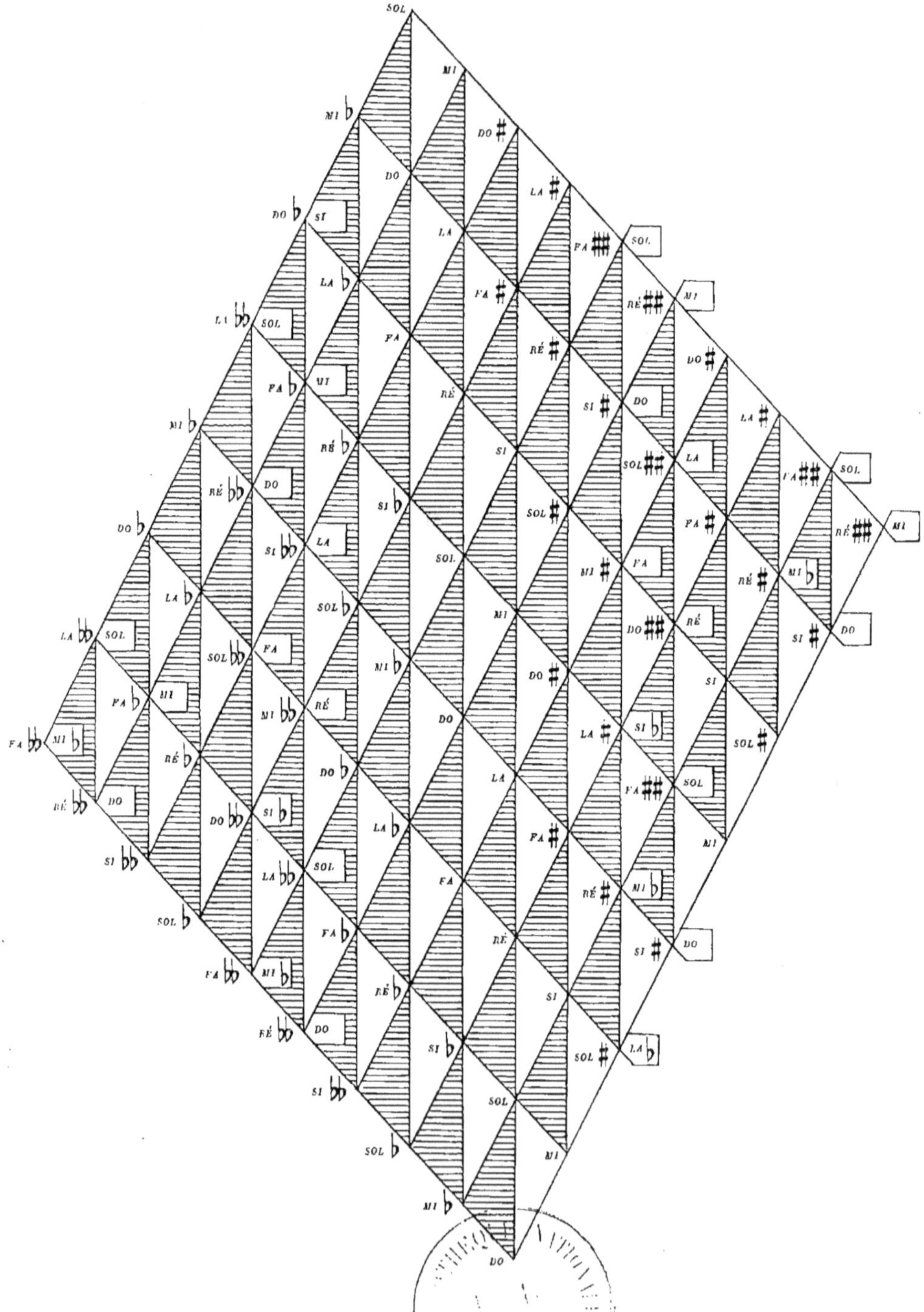
SOL
MI
MI ♭
DO ♯
DO
LA ♯
DO ♭
SI
LA
FA ♯♯
SOL
LA ♭
FA ♯
RÉ ♯♯
MI
LA ♭♭
SOL
FA
RÉ ♯
DO ♯
FA ♭
MI
RÉ
SI ♯
DO
LA ♯
MI ♭
RÉ ♭
SI
SOL ♯♯
LA
FA ♯♯
SOL
RÉ ♭♭
DO
SI ♭
SOL ♯
FA ♯
RÉ ♯♯
MI
DO ♭
SI ♭♭
LA
SOL
MI ♯
FA
RÉ ♯
MI ♭
LA ♭
SOL ♭
MI
DO ♯♯
RÉ
SI ♯
DO
LA ♭♭
SOL
SOL ♭♭
FA
MI ♭
DO ♯
FA ♭
MI
MI ♭♭
RÉ
SI
FA ♭♭
MI ♭
DO
LA ♯
SI ♭
RÉ ♭
DO ♭
SOL ♯
RÉ ♭♭
DO
LA
FA ♯♯
SOL
DO ♭♭
SI ♭
LA ♭
FA ♯
MI
SI ♭♭
LA ♭♭
SOL
FA
RÉ ♯
MI ♭
SOL ♭
FA ♭
RÉ
SI ♯
DO
FA ♭♭
MI ♭
RÉ ♭
SI
RÉ ♭♭
DO
SI ♭
SOL ♯
LA ♭
SOL
SI ♭♭
SOL ♭
MI
MI ♭
DO

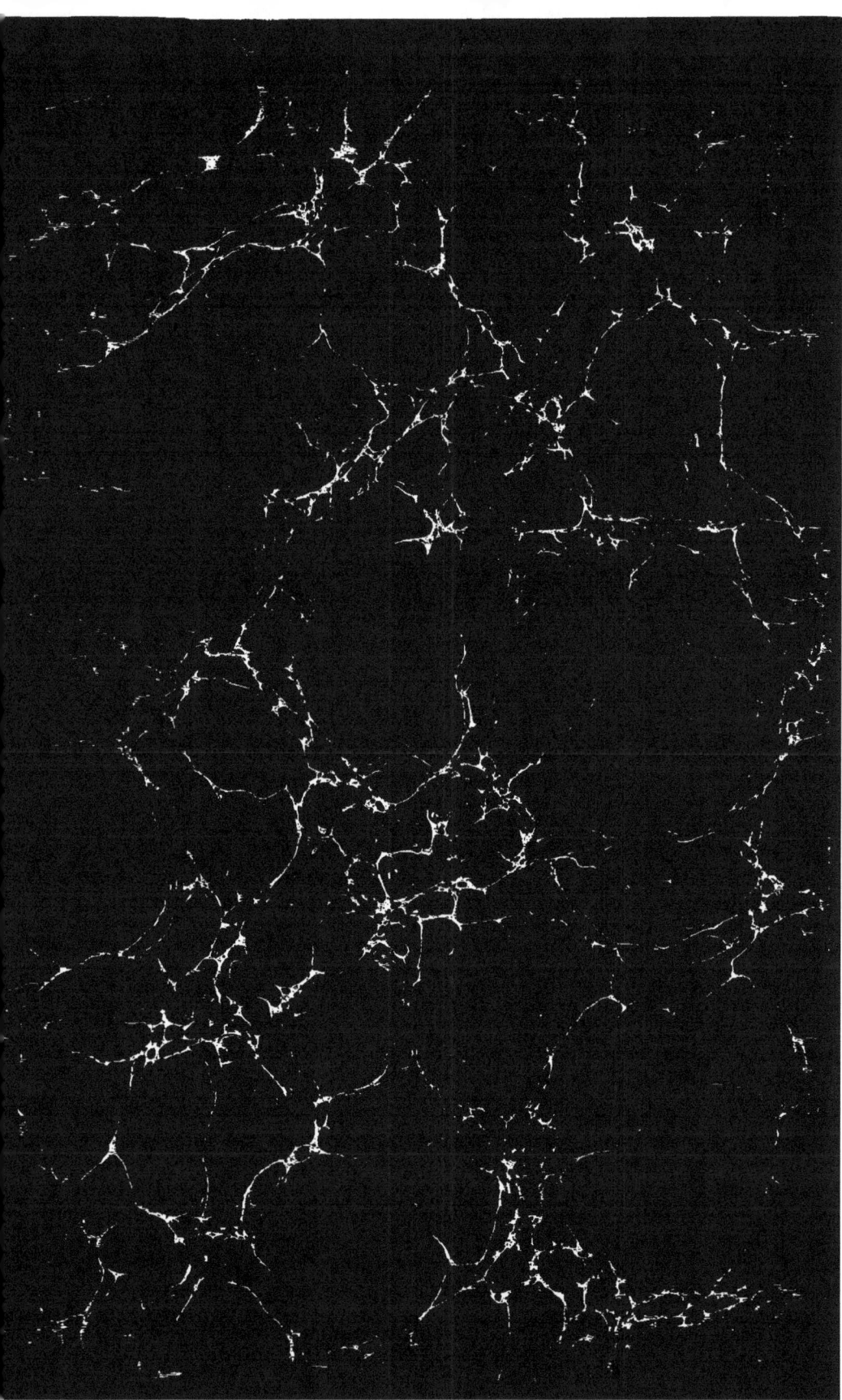

www.ingramcontent.com/pod-product-compliance
Lightning Source LLC
Chambersburg PA
CBHW070635100426
42744CB00006B/685